洪都拉斯刑法典
Penal Code of Honduras

陈志军◎译

中国政法大学出版社
2024·北京

声　明　1. 版权所有，侵权必究。

　　　　　2. 如有缺页、倒装问题，由出版社负责退换。

图书在版编目（CIP）数据

洪都拉斯刑法典 / 陈志军译. -- 北京：中国政法大学出版社，2024.7. -- ISBN 978-7-5764-1626-8

Ⅰ. D974.24

中国国家版本馆CIP数据核字第20243DM285号

出 版 者	中国政法大学出版社
地　　址	北京市海淀区西土城路25号
邮寄地址	北京100088 信箱8034分箱　邮编100088
网　　址	http://www.cuplpress.com（网络实名：中国政法大学出版社）
电　　话	010-58908285(总编室) 58908433（编辑部）58908334(邮购部)
承　　印	固安华明印业有限公司
开　　本	880mm×1230mm　1/32
印　　张	6.5
字　　数	160千字
版　　次	2024年7月第1版
印　　次	2024年7月第1次印刷
定　　价	35.00元

前言

洪都拉斯共和国,简称洪都拉斯,位于中美洲北部,北临加勒比海,南濒太平洋的丰塞卡湾,东、南同尼加拉瓜和萨尔瓦多交界,西与危地马拉接壤。洪都拉斯原为印第安人居住地。4-7世纪,洪都拉斯西部为玛雅文明中心之一。1502年哥伦布到达洪都拉斯的海湾群岛,为洪都拉斯与欧洲接触之始,1524年西班牙军队开始征服洪都拉斯,同年沦为西班牙殖民地。1537-1539年莱姆皮拉领导3万印第安人举行起义,反抗西班牙殖民统治。1539年,洪都拉斯划归危地马拉都督府管辖。洪都拉斯于1821年9月15日宣布独立,但1822年被并入墨西哥第一帝国。1823年加入中美洲联邦,1838年10月退出中美洲联邦,成立共和国。1840年洪都拉斯在危地马拉独裁者拉斐尔·卡雷拉支持下,保守派弗朗西斯科·费雷拉建立独裁政府。1853年以后,洪都拉斯国内的自由派和保守派经常发生政变和内战,政权更迭频繁。从1840年代起,英国侵占洪都拉斯东部地区和巴亚群岛,修建铁路,并取得大片土地的租让权。洪都拉斯自1821年独立以来至1978年,共发生139次政变,是拉丁美洲政变最频繁的国家之一。1957年大选中由自由党的拉蒙·比列达·莫拉莱斯胜选担任总统。1963年武装部队司令奥斯瓦尔多·洛佩斯·阿雷利亚诺在美国策动下发动政变,推翻了莫拉莱斯政权,并于1965年当选总统。1971年国民党拉蒙·埃内斯托·克鲁斯竞选获胜，但执政不久，阿雷利亚诺又一次发动政变上台。1975年武装部队司令胡安·阿尔韦托·梅尔加·卡斯特罗发动政变，取代阿雷利亚诺。而1978年武装部队司令波利卡波·帕斯·加西亚发动政变，组成以他为首的军人委员会。洪都拉斯现行宪法于1982年1月20日生效。洪都拉斯一直重视刑法的法典化，先后于1880年、1898年、1906年、1983年、2019年制定了5部刑法典。现行刑法典由2018年1月18日第130-2017号法令制定，2019年5月10日《政府公报》公布。该刑法典颁布后又进行了2次局部修正，最新的一次是2021年11月1日第93-2021号法令所作的修正。现行的《洪都拉斯刑法典》的主要内容有：

1. 刑法的渊源

洪都拉斯的刑法立法包括刑法典和特别刑法。刑法典是其刑法立法的主体，此外还包括《军事刑法典》等特别刑法。

2. 刑法典的体系

《洪都拉斯刑法典》分为总则、分则和违警罪的规定三部分。总则部分包括刑法、刑事责任、刑事责任的阻却和修正情节、刑罚、保安处分、附随后果、法人责任、刑事责任及其后果的消灭、犯罪前科的撤销、源自犯罪的民事责任和刑法意义上的定义11编。分则部分包括危害国际社会罪、危害公共安全罪、危害生命、身体完整性和健康罪、违反公民救助义务的犯罪、针对女性的暴力、有关权利行使的歧视、破坏尊严和名誉罪等32编。违警罪的规定部分包括一般规定、侵犯人身的违警罪、侵犯财产的违警罪、危害民众整体利益和生活制度的违警罪和破坏公共秩序的违警罪5编。

3. 刑法的原则

《洪都拉斯刑法典》明确规定了以下刑法原则：（1）罪刑法定原则。《洪都拉斯刑法典》第1条前3款规定："任何人不得因其在实行或实施时未事先被规定为犯罪或违警罪的作为或不作为，而受到处罚。""任何人不得受到未事先由法律规定并由主管法院根据程序法适用的刑罚或保安处分的处罚。""不得以法律规定以外的方式执行任何刑罚或者保安处分。"(2)危害原则。《洪都拉斯刑法典》第 2 条规定:"只有损害或危及受法律保护的利益的行为,才会受到惩罚。""刑法的追诉必须仅限于对最重要的法益的最严重的侵犯。"(3)刑罚人道原则。《洪都拉斯刑法典》第 3 条规定:"任何人都不应被判处侵害人类尊严或者包含残忍、不人道或有辱人格的待遇的处罚或保安处分。"(4)过错责任原则。《洪都拉斯刑法典》第 4 条规定:"如果没有故意或过失,就不能受到处罚。"(5)比例原则。《洪都拉斯刑法典》第 5 条规定:"刑罚必须根据行为的严重性和当事人的责任来确定。"(6)刑法典的原则和保障适用于特别刑法原则。《洪都拉斯刑法典》第 6 条规定:"本法典所规定的原则和保障,应当适用于特别刑法。"(7)一罪不再罚原则。《洪都拉斯刑法典》第 7 条规定:"对同一事实或情节,不得基于同一根据被再次用于对当事人行为的法律评价。对本法典而言,对继续犯、累犯或者惯犯的处罚,视为不存在根据的同一性。"

4. 刑法的地域效力

洪都拉斯刑法的地域效力划分为域内效力和域外效力两部分:(1)域内效力。《洪都拉斯刑法典》第 8 条规定:"刑法适用于在国家领域内实施的行为,以及实施于洪都拉斯船舶或航空器上以及受洪都拉斯管辖的其他地方的行为,但经洪都拉斯国批准的国际法规定的例外情况除外。"(2)域外效力。《洪都拉斯刑法典》第 9 条规定了属人原则、保护原则和普遍正义原则的适用,明确了其刑法的域外效力范围。由此可见,洪都拉斯采取的是以属地管辖为原则、以属人管辖、保护管辖和普遍管辖等为补充的刑事管辖权体制。

5. 刑法的溯及力

洪都拉斯刑法在此问题上采取从旧兼从轻原则。《洪都拉斯刑法典》第 1 条第 1 款规定:"任何人不得因其在实行或实施时未事先被规定为犯罪或违警罪的作为或不作为,而受到处罚。"该条第 4 款规定:"刑法中对被告人、罪犯以及服刑人最有利的条款具有溯及力。尽管如此,除非另有明确规定,在限时法生效期间实施的行为必须根据限时法进行审判。"

6. 刑事犯罪的分类

《洪都拉斯刑法典》第 12 条将犯罪分为犯罪和违警罪两大类。第 13 条进一步将犯罪分为重罪和轻罪两类。

7. 法人犯罪

2018 年 1 月 18 日第 130-2017 号法令通过的《洪都拉斯刑法典》以总则和分则相结合的方式规定了法人犯罪。在总则第七编规定了法人刑事责任的范围、刑罚种类、减轻情节等,在分则中对哪些具体犯罪法人可以构成及其处罚作出具体规定。但 2021 年 11 月 1 日第 93-2021 号法令旋即废止了刑法典中的所有法人犯罪条款。

8. 刑事责任年龄

《洪都拉斯刑法典》规定其原则上只适用于已满 18 周岁的成年人。《洪都拉斯刑法典》第 10 条规定:"本法典适用于在实施可罚行为时已满 18 周岁的人。""如果未满 18 周岁的未成年人实施被本法典类型化为犯罪的行为的,将根据少年犯立法的规定确定其责任。"根据《洪都拉斯儿童和青少年法典》[1]第 180 条规定,未满 12 周岁的未成年人,不能构成犯罪和违警罪;对已满 12 周岁不满 18 周岁的未成年人犯罪建立专门的司法制度。

9. 犯罪未完成形态

《洪都拉斯刑法典》规定了三种未完成形态:(1)可罚的预备行为。《洪都拉斯刑法典》第 20 条第 1 款规定,可罚的预备行为包括共谋、提议和煽动三种类型,但以分则条文明确规定予以处罚的情况为限。分则对具体犯罪的预备行为,都规定了独立的法定刑幅度。这种规定方式与德日刑法中的预备罪立法类似。(2)未遂。《洪都拉斯刑法典》第 21 条第 1 款规定:"为了犯罪的既遂,以外在行为直接且客观地着手实行犯罪,由于行为人意志以外的原因该犯罪未能既遂的,成立未遂。"(3)中止。《洪都拉斯刑法典》第 20 条第 2 款规定了预备行为的中止,第 22 条规定了实行阶段的中止。在中止的情况下,对当事人免除处罚,但已经实施的行为本身

---

[1] 被 2013 年 2 月 27 日第 35-2013 号法令修订后的第 73-96 号法令。

构成某一犯罪或违警罪的除外。

10. 共同犯罪人的类型

《洪都拉斯刑法典》将共同犯罪人分为三类：（1）共同正犯。《洪都拉斯刑法典》第25条将正犯分为直接正犯、间接正犯和共同正犯："正犯，是指单独或利用他人（无论是否应负刑事责任）作为工具实施全部或部分当罚行为的人，以及共同实施该行为的人。"（2）教唆犯。《洪都拉斯刑法典》第26条第1款规定："教唆犯，是指故意以任何方式使他人决定实施犯罪行为的人。"（3）帮助犯。《洪都拉斯刑法典》第26条第2款规定："帮助犯，是指前条不能包含的，以事前或者事中行为协力行为实行的人。"

11. 正当行为

《洪都拉斯刑法典》规定了三种正当行为类型：（1）行使权利、职权、职务或履行义务。第30条第2项规定，在履行特定法律义务或合法地行使权利、职权或职务过程中实施行为的，阻却刑事责任。（2）紧急避险。第30条第3项规定，在紧急状态下，为避免自己或者他人的损害，损害他人的合法权利或者违反义务的人，符合下列条件的，阻却刑事责任：a）所造成的损害不超过所试图避免的损害；b）危难状态并非当事人故意造成；以及c）处于危难状态的人未因为其职权或职务而负有自我牺牲的义务。（3）正当防卫。第30条第4项规定，为了保护本人或他人的人身或权利而实施行为的人，符合下列条件的，阻却刑事责任：a）实际存在的不法侵害；b）为防止或击退侵害所使用的手段具有合理必要性；以及c）自我防卫人不存在充分的挑衅。

12. 刑罚的体系

根据《洪都拉斯刑法典》第35条的规定，基于其性质，适用于自然人的刑罚分为剥夺自由、剥夺其他权利和罚金三大类。其中剥夺自由的刑罚具体分为终身监禁、监禁、居家监禁和周末监禁。剥夺其他权利的刑罚包括：驱逐出境；向公用事业或被害人提供服务；剥夺驾驶机动车、航空器和船舶的权利；剥夺拥有和携带枪支、爆炸物等的权利；剥夺获得公共补贴和援助、与公共部门签订合同以及享受税收优惠或奖励或社会保障的资格；暂停公民权利；剥夺国籍；剥夺全部资格；剥夺特定的公共职权或职务资格；剥夺特定的职业、行业、商业或工业资格；剥夺特定的亲权、监护、保护或保佐资格；禁止居住；禁止接近或联系被害人；驻留定位。罚金刑包括日数罚金和比例罚金。

13. 刑事责任消灭事由

根据《洪都拉斯刑法典》第 107 条第 1 款的规定，刑事责任消灭事由包括：犯罪人死亡；在法律规定的情况下并以法律规定的方式得到被害人或任何有其法定代表权的人的宽恕；依职权或应当事人请求宣布刑事追诉、刑罚或保安处分的时效已过；按照法律规定的条件进行的大赦或特赦；服刑完毕或者刑罚的最终撤销。

14. 犯罪前科的撤销

根据《洪都拉斯刑法典》第 117 条第 1 款规定："被生效判决定罪并且刑事责任已经消灭的人，有权从主管法院获得其犯罪前科的撤销。主管法院依职权或应当事人的请求撤销犯罪前科。"

由于水平所限，不当之处，敬请读者批评指正。

陈忠军

2023 年 8 月

目 录
Contents

- 003 **第一卷 总 则**
- 003 **第一编 刑 法**
- 006 **第二编 刑事责任**
- 006 第一章 可罚的行为
- 007 第二章 故意和过失
- 007 第三章 可罚的预备行为、未遂、中止和既遂
- 008 第四章 错误
- 009 第五章 应负刑事责任的人
- 010 第六章 规范的表面竞合
- 010 **第三编 刑事责任的阻却和修正情节**
- 010 第一章 刑事责任阻却情节
- 011 第二章 刑事责任修正情节
- 012 **第四编 刑 罚**
- 012 第一章 刑罚的种类和效力
- 012 第 1 节 刑罚的种类
- 015 第 2 节 剥夺自由的刑罚
- 017 第 3 节 剥夺其他权利的刑罚
- 020 第 4 节 罚金
- 022 第 5 节 附加刑

022	第6节	共同规定
023	第二章	刑罚的裁量
023	第1节	正犯和共犯的刑罚
023	第2节	未完全免除
024	第3节	犯罪竞合
025	第4节	按分数加重或减轻和修正刑事责任的情节
027	第三章	刑罚执行的替代形式和假释
027	第1节	暂缓宣告判决
028	第2节	刑罚的易科
029	第3节	缓刑
031	第4节	假释
032	第5节	共同规定
033	**第五编**	**保安处分**
033	第一章	保安处分
037	第二章	保安处分的适用
038	**第六编**	**附随后果**
039	**第七编**	**法人责任**
040	**第八编**	**刑事责任及其后果的消灭**
043	**第九编**	**犯罪前科的撤销**
044	**第十编**	**源自犯罪的民事责任**
044	第一章	民事责任及其形式
045	第二章	应负民事责任的人
047	第三章	共同规定
048	**第十一编**	**刑法意义上的定义**
050	**第二卷**	**分　则**
050	**第一编**	**危害国际社会罪**

050	第一章	反人类罪
051	第二章	种族灭绝罪
052	第三章	战争罪
055	第四章	侵略罪
055	第五章	反人类罪、种族灭绝罪和战争罪的共同规定
056	第六章	违反国际法
056	第七章	制造和拥有大规模杀伤性武器或手段
057	第八章	海盗
057	第九章	违背人性罪
057	第 1 节	有关器官贩运的犯罪
059	第 2 节	有关基因操纵的犯罪
060	**第二编**	**危害公共安全罪**
060	第一章	有关核能和电离辐射的犯罪
063	第二章	放火和破坏
064	第三章	危害公共交通工具和公用服务罪
065	**第三编**	**危害生命、身体完整性和健康罪**
065	第一章	危害生命罪
066	第二章	伤害罪
068	**第四编**	**违反公民救助义务的犯罪**
069	**第五编**	**针对女性的暴力**
071	**第六编**	**有关权利行使的歧视**
072	**第七编**	**破坏尊严和名誉罪**
072	第一章	侵犯精神完整罪
072	第 1 节	酷刑、不人道、残忍或有辱人格的待遇
073	第 2 节	贩运人口和有辱人格的人类剥削形式
076	第二章	遗弃未成年人、残疾人、老人或病人
076	第三章	损害名誉罪

076	第1节	犯罪性的形象塑造
077	第2节	共同规定
078	**第八编**	**侵犯自由罪**
078	第一章	侵犯行动自由罪
080	第二章	侵犯决定自由罪
082	**第九编**	**侵犯性的自主和完整罪**
082	第一章	强奸、猥亵、乱伦、骗奸和性骚扰
084	第二章	有关性剥削和儿童淫秽物品的犯罪
086	第三章	裸露和性挑逗罪
087	第四章	共同规定
088	**第十编**	**侵犯住宅的不可侵犯性和隐私罪**
088	第一章	侵犯住宅的不可侵犯性罪
089	第二章	侵犯和泄露秘密罪
091	**第十一编**	**妨害家庭关系罪**
091	第一章	非法婚姻
091	第二章	虚报出生和变更亲子关系
092	第三章	违背家庭权利和义务
094	第四章	家庭虐待
095	**第十二编**	**侵犯劳动权利罪**
096	**第十三编**	**非法偷运人口**
096	**第十四编**	**危害公共卫生罪**
096	第一章	有关药品或医疗设备的犯罪
099	第二章	有关食品或供消费的产品的犯罪
100	第三章	共同规定
100	第四章	贩运毒品和前体罪
103	**第十五编**	**危害道路安全罪**

103	第十六编	危害环境罪
103	第一章	危害生态系统的平衡罪
104	第二章	危害生物多样性罪
106	第三章	环境犯罪的共同规定
107	第十七编	危害动物福利罪
108	第十八编	市政建设犯罪
109	第十九编	破坏文化遗产罪
111	第二十编	侵犯财产罪
111	第一章	盗窃
112	第二章	抢劫
113	第三章	有关盗窃和抢劫的共同规定
114	第四章	以盗窃和抢劫手段使用机动车
114	第五章	诈骗和其他欺诈行为
116	第六章	欺诈管理和非法侵占
117	第七章	强迫交易
118	第八章	强夺
121	第九章	损毁罪
122	第十章	高利贷罪
123	第十一章	未经批准的彩票和赌博
123	第十二章	共同规定
124	第二十一编	与知识产权和工业产权有关的犯罪
124	第一章	侵犯知识产权罪
126	第二章	侵犯工业产权罪
127	第三章	共同规定
127	第二十二编	危害网络和计算机系统安全罪
129	第二十三编	危害社会经济秩序罪

129	第一章	欺诈性破产和无力偿付债务
131	第二章	危害经济、市场和消费者罪
133	第三章	普通人之间的商业贿赂
133	第四章	公司犯罪

135	**第二十四编　走私与危害公共财政和社会保障罪**
135	第一章	走私
136	第二章	危害公共财政罪
138	第三章	危害社会保障罪

| 139 | **第二十五编　窝藏赃物和洗钱** |

141	**第二十六编　危害公共信用罪**
141	第一章	伪造货币
142	第二章	伪造邮票和其他盖有邮戳的物品
143	第三章	伪造文书
143	第1节	伪造公文书和商业文书
144	第2节	伪造私文书
144	第3节	伪造信用卡、借记卡、旅行支票和金融票据
145	第四章	人身伪造罪

146	**第二十七编　妨害公共管理罪**
146	第一章	贪污公共财产
148	第二章	欺诈和非法征敛
149	第三章	资产非法增加
149	第四章	与履行公共职权不相容的交易和滥用职权
150	第五章	影响力交易
151	第六章	贿赂
152	第七章	管理渎职
153	第八章	滥用权力和违背公务员义务
154	第九章	文书保管背信和侵犯秘密

155	第十章　篡夺职权和冒充职务
155	第十一章　共同规定
156	**第二十八编　妨害司法管理罪**
156	第一章　妨害司法追诉罪
157	第二章　妨碍司法运行罪
158	第三章　妨害司法权威罪
159	第四章　妨害司法制度罪
160	第五章　妨害国际刑事法院的司法管理罪
160	**第二十九编　危害宪政罪**
160	第一章　叛乱和暴动罪
162	第二章　侮辱国家象征罪
162	第三章　危害国家机构罪
162	第1节　杀害、伤害或绑架共和国总统
162	第2节　干扰机构的运行
163	第四章　选举犯罪
165	第五章　妨害基本权利行使罪
165	第1节　公务员或公共雇员限制或妨碍基本权利
166	第2节　侵犯宗教自由、宗教感情和对逝者的尊重罪
167	第3节　侵犯其他基本权利罪
168	**第三十编　危害国家的安全及其领域完整罪**
168	第一章　危害国家罪
170	第二章　间谍罪
170	第三章　危害和平和国家外部安全罪
170	第1节　危害和平罪
171	第2节　危害国家外部安全罪
171	**第三十一编　妨害公共秩序罪**
171	第一章　袭击、抵制和不服从

172	第二章	扰乱公共秩序
173	第三章	输入违禁品、非法持有枪支、爆炸物和弹药
175	第四章	共同规定
176	第三十二编	恐怖主义
179	**第三卷**	**违警罪的规定**
179	第一编	一般规定
179	第二编	侵犯人身的违警罪
180	第三编	侵犯财产的违警罪
181	第四编	危害民众整体利益和生活制度的违警罪
182	第五编	破坏公共秩序的违警罪
182	补充条款	
183	过渡条款	
189	最后条款	

洪都拉斯刑法典

(2018年1月18日第130-2017号法令,2019年5月10日《政府公报》公布;2019年11月7日第119-2019号法令修正;2020年5月9日第46-2020号法令修正;2021年11月1日第93-2021号法令修正)

第一卷 总 则

第一编 刑 法

第 1 条 罪刑法定原则

任何人不得因其在实行或实施时未事先被规定为犯罪或违警罪的作为或不作为,而受到处罚。

任何人不得受到未事先由法律规定并由主管法院根据程序法适用的刑罚或保安处分的处罚。

不得以法律规定以外的方式执行任何刑罚或者保安处分。

刑法中对被告人、罪犯以及服刑人最有利的条款具有溯及力。尽管如此,除非另有明确规定,在限时法生效期间实施的行为必须根据限时法进行审判。

本法典的解释必须根据该法的含义和词性规则进行。

除非其对被告人或罪犯以及服刑人有利,否则禁止类推。

第 2 条 危害原则

只有损害或危及受法律保护的利益的行为,才会受到惩罚。

刑法的追诉必须仅限于对最重要的法益的最严重的侵犯。

第 3 条 刑罚人道原则

任何人都不应被判处侵害人类尊严或者包含残忍、不人道或有辱人格的待遇的处罚或保安处分。

第 4 条 过错责任原则

如果没有故意或过失,就不能受到处罚。

第 5 条 比例原则

刑罚必须根据行为的严重性和当事人的责任来确定。

第 6 条 特别刑法原则

本法典所规定的原则和保障，应当适用于特别刑法。

第 7 条 一罪不再罚原则

对同一事实或情节，不得基于同一根据被再次用于对当事人行为的法律评价。对本法典而言，对继续犯、累犯或者惯犯的处罚，视为不存在根据的同一性。

第 8 条 属地管辖

刑法适用于在国家领域内实施的行为，以及实施于洪都拉斯船舶或航空器上以及受洪都拉斯管辖的其他地方的行为，但经洪都拉斯国批准的国际法规定的例外情况除外。

第 9 条 刑法的域外适用

在下列情形下，即使行为实施于领域外，也适用刑法：

1）属人原则。除非根据洪都拉斯国家签署和/或批准的国际条约和公约不执行本规定，如果该行为在犯罪实施地和本国领域内均可罚（无论其是否具有不同的罪名）并且该可罚行为满足下列任何条件的：

a）它是由为洪都拉斯国家服务但凭借外交或公务豁免并未在行为实施地受到审判的人实施的；

b）它是针对任何洪都拉斯的自然人或法人或者其权利实施的；

c）它是由洪都拉斯人或取得洪都拉斯国籍的外国人实施，但在实施该行为后，他们尚未在该行为的实施地受到审判或者所判处的刑罚尚未服完的；

d）它是由在国家领域内有惯常居所的无国籍人实施的；以及

e）它是由在洪都拉斯受到审判但已脱逃并且尚未全部或部分服刑的人实施的。

2）保护原则。洪都拉斯的管辖权也有权追诉在国外实施的根据洪都拉斯立法可被认定为下列犯罪之一的行为：

a）伪造货币和其他证券；
b）伪造邮票、标志和商标；
c）危害国家安全和存立的犯罪；
d）危害公共当局和宪法秩序罪；以及
e）危害洪都拉斯公共管理的犯罪。

3）普遍正义原则。对于实施于国外的下列犯罪，无论可罚行为实施地的现行规定以及犯罪人的国籍如何，如果满足洪都拉斯国家签署和/或批准的国际条约和公约的条件，并且犯罪人或犯罪工具位于国家领域或洪都拉斯国行使管辖权的地方的，就可以根据洪都拉斯刑法起诉和处罚：

a）种族灭绝罪、危害人类罪和战争罪；
b）洗钱和借名；
c）贩运来自非法活动的机动车辆；
d）非法偷运人口、器官、解剖材料或受精卵；
e）人口贩运；
f）恐怖主义；
g）非法贩运武器；
h）非法贩运毒品、麻醉品或精神药物；
i）对不满18周岁未成年人的性剥削；
j）强迫人员失踪；以及
k）公务员或公共雇员的腐败。

第10条　刑法对人的适用

本法典适用于在实施可罚行为时已满18周岁的人。

如果未满18周岁的未成年人实施被本法典类型化为犯罪的行为的，将根据少年犯立法的规定确定其责任。

第11条　刑法适用的例外情况

刑法立法不适用于下列人员：
1）外国国家元首和政府首脑；
2）其他国家的外交代表；以及
3）享有管辖豁免的其他人员。

上述规定遵照洪都拉斯国家签署和/或批准的国际条约和公约并根据互惠原则适用。

第二编　刑事责任

第一章　可罚的行为

第 12 条　犯罪和违警罪

依照法律应当处罚的故意或过失的作为和不作为,是犯罪或违警罪。

第 13 条　犯罪和违警罪的分类

基于所判处刑罚的严厉性,将犯罪分为:

a) 重罪,是指处以重刑的犯罪;

b) 轻罪,是指处以较轻刑罚的犯罪;以及

c) 如果因为其幅度该刑罚可以被包含在前述两项中的,该犯罪被视为重罪。

违警罪可处以轻微的刑罚。

第 14 条　作为和不作为的实施

立法表述包含结果但未指明产生该结果的必要手段的犯罪,既可以通过作为也可以通过不作为实施。只有当不作为人违反个人法律义务和相同结果的未能避免之间具有同等的因果关系时,结果犯才被认为是通过不作为实施的。

个人法律义务,是指直接源自法律、合同或者不作为方通过先前的作为或不作为对合法权利所造成的危险处境的义务。

第 15 条　犯罪实施的时间

当事人作为之时,或者在不作为的情况下当事人本应该作为之时,是犯罪实施的时间,无论所述活动的结果发生于何时。可适用的法律是犯罪或违警实施时有效的法律。

第 16 条 犯罪或者违警罪实施的地点

犯罪或者违警罪被视为在以下任何地点实施：
1) 全部或部分犯罪活动发生地；
2) 结果产生地；或者
3) 在不作为的犯罪或违警罪中，被忽略的作为本来应当被实行的地方。

第二章 故意和过失

第 17 条 故意

故意是指具有明知和意图实施构成要件行为。在不确定的情况下容认行为的正常进程可能导致的结果的，其行为也是故意的。

第 18 条 对过失的处罚

由于违反了适用于具体情况的最基本的应有注意规范，导致客观上可以预见的构成要件结果的，构成严重过失。

只有在法律明确规定的情况下，过失的作为或不作为才受处罚。

第三章 可罚的预备行为、未遂、中止和既遂

第 19 条 可罚的实行程度

既遂的犯罪或违警罪以及未遂的犯罪，可罚。

第 20 条 可罚的预备行为

共谋、提议和煽动实施犯罪，仅在法律明确规定的情况下才会受到制裁：
1) 如果两个或更多的人同意实施犯罪并且决定实行该犯罪的，构成共谋；
2) 如果已经决定实施犯罪的一个或更多的人提议其他一人或更多人实行该犯罪的，构成提议；以及
3) 如果以任何有助于宣传的方式或在一群人面前直接鼓动实施犯罪的，构成煽动。

在中止的情况下，对当事人免除处罚，但已经实施的行为本身构成某一犯罪或违警罪的除外。如果当事人自愿放弃实施实行行为，并严肃、坚决、果断地阻止或者力图阻止其他参与犯罪的人着手实行行为的，成立中止。

第21条 未遂

为了犯罪的既遂，以外在行为直接且客观地着手实行犯罪，由于行为人意志以外的原因该犯罪未能既遂的，成立未遂。

未遂的种类包括：

a) 未终了的未遂。如果行为人实行了旨在导致犯罪既遂的行为的一部分，但由于其意志以外的原因而没有完成这些行为的，成立未终了的未遂。

b) 终了的未遂。如果行为人实施了客观上应当导致犯罪既遂的所有行为，而既遂并未发生的，成立终了的未遂。

第22条 中止

着手实行犯罪后，在下列情形下，由于从属于行为人的意志的原因犯罪没有既遂的，构成中止：

a) 中断实行行为；或者

b) 阻止既遂的。

在中止的情况下，对当事人免除处罚，但已经实施的行为本身构成某一犯罪或违警罪的除外。

在存在数个参与人时，中止已经着手的实行行为，并且在有能力如此的情况下严肃、坚决、果断地阻止或者力图阻止其既遂的人，免除刑事责任。如果已实行的行为已经构成其他犯罪的，不影响他们因此可能承担的责任。

第四章 错误

第23条 错误

错误适用以下规则：

1) 对犯罪或者违警罪的构成要件的无法避免的错误，阻却刑事责任。如果考虑到行为和当事人的情况，错误是可以避免的，则应当在适当的情况下按照过失对该行为予以处罚；

2）对减轻或加重罪行的要件的错误，阻却该要件的适用；以及

3）对构成犯罪的行为的违法性的无法避免的错误，阻却刑事责任。如果错误是可以避免的，刑罚应当减轻 1/3。

第五章　应负刑事责任的人

第 24 条　应负责任的犯罪人

正犯和共犯应对犯罪和违警罪负刑事责任。

第 25 条　正犯

正犯，是指单独或利用他人（无论是否应负刑事责任）作为工具实施全部或部分当罚行为的人，以及共同实施该行为的人。

第 26 条　共犯

教唆犯和帮助犯均为共犯。教唆犯，是指故意以任何方式使他人决定实施犯罪行为的人。

帮助犯，是指前条不能包含的，以事前或者事中行为协力行为实行的人。

第 27 条　代表他人实施的行为的责任

以自然人或法人的法定或意定代表人身份行事的人，或者作为公司的事实上或法律上的管理人的人，即使不同时具备被代表人所具有的作为相应犯罪的行为主体所要求的特征、状况或关系，也应对所实施的行为承担个人责任。

第 28 条　通过大众媒体实施的犯罪的刑事责任（废止）[1]

---

[1]　被 2021 年 11 月 1 日第 93-2021 号法令废止。

第六章　规范的表面竞合

第 29 条　规范的表面竞合

如果同一行为被数个相互排斥的法律规范所规定的，应当根据下列规则仅适用其中一个：

1) 特殊规范优先于一般规范；

2) 补充规范仅在没有基本规范的情况下适用；

3) 更广泛地规定该当罚行为的规范吸收对该规范中规定的情况作出规定的规范；以及

4) 在不存在上述标准的情况下，则适用所实施的最严重的犯罪。

第三编　刑事责任的阻却和修正情节

第一章　刑事责任阻却情节

第 30 条　刑事责任阻却情节

阻却刑事责任的情节如下：

1) 无责任能力。在作为或不作为时，由于精神的异常或紊乱、认知的改变或者完全的醉态，而没有能力理解其行为的非法性质或根据这种理解实施行为的人，以及不满 12 周岁的人，无责任能力。如果精神障碍是为了实施犯罪或者在已经预见或本应当预见犯罪实施的情况下所导致的，不能阻却责任；

2) 行使权利、职权、职务或履行义务。在履行特定法律义务或合法地行使权利、职权或职务过程中实施行为的人；

3) 紧急避险。在紧急状态下，为避免自己或者他人的损害，损害他人的合法权利或者违反义务的人，符合下列条件的：

a) 所造成的损害不超过所试图避免的损害；

b) 危难状态并非当事人故意造成；以及

c）处于危难状态的人未因为其职权或职务而负有自我牺牲的义务。

4）正当防卫。为了保护本人或他人的人身或权利而实施行为的人，符合下列条件的：

a）实际存在的不法侵害；

b）为防止或击退侵害所使用的手段具有合理必要性；以及

c）自我防卫人不存在充分的挑衅。

为了击退攀爬或破坏有人居住的房屋或公寓或其附属物的栅栏、墙壁、入口或在所指地点对所意外发现的陌生人使用暴力的，被认为同时符合上述三个条件；以及

5）无法克服的恐惧。在无法克服的恐惧驱使下实施行为的人。

第二章 刑事责任修正情节

第31条 减轻情节

一般的减轻情节包括：

1）当刑事责任阻却事由认定中所需的任何非基本条件不符合时。这些事由被认为是适格的减轻情节；

2）因受到如此强大的刺激以致该当事人对类似实体产生爆发或固执而实施行为的；

3）犯罪人在初步调查完成之前已着手修复所造成的损害或减轻犯罪的不利影响的；

4）犯罪人已满18周岁不满21周岁的；

5）犯罪人在知道司法程序启动之前已经着手向当局供认罪行的；以及

6）与上述情节类似的任何其他情节。

第32条 加重情节

一般的加重情节包括：

1）以背信弃义的方式实施行为。当犯罪人在实施任何侵犯人身的犯罪时，在施行中使用了直接且特别地有助于确保其不会面临

来自被害人可能进行的防卫而对其人身造成风险的手段、方式或形式的，就认为存在背信弃义；

2）通过滥用优势或信任实施行为的；

3）在施行中残忍地实施行为，故意地增加被害人痛苦的；

4）通过乔装或利用时间、地点的境况实施行为，以便利于该行为的实施或行为人免受惩处的；

5）为获取赏金、报酬或报酬承诺而实施行为的；

6）犯罪人利用其拥有的公共身份实施的；

7）利用不满 18 周岁的人或者残疾人实施行为的；

8）出于种族主义或与被害人的意识形态、宗教或信仰、年龄、语言、家庭状况、所属族群、人种或民族、性别、性取向或性别认同、性别原因、疾病或残疾有关的其他动机实施犯罪的；以及

9）累犯。如果实施犯罪的人曾经因为相同性质的犯罪被判决有罪的，构成累犯。外国司法机关作出的最终判决在本法规定的情形中产生累犯的效力。对累犯而言，已经撤销或者应被撤销的犯罪前科不予计算，过失犯罪的犯罪前科也不应计算在内。

第 33 条　作为减轻或者加重情节的亲属关系

犯罪人是或曾经是被害人的配偶或与被害人保持或曾经保持类似性质的稳定关系的人，或者是被害人或其配偶或同居人的直系尊亲属、直系卑亲属、兄弟姐妹的，根据犯罪的性质、动机和后果，该亲属关系情节可以减轻或加重刑罚。

第四编　刑　罚

第一章　刑罚的种类和效力

第 1 节　刑罚的种类

第 34 条　刑罚的分类

刑罚，是指可以作为主刑或附加刑判处的剥夺自由、剥夺其他

权利和罚金。

民事法律规定的预防处分、剥夺权利和行政处罚不属于刑罚。

刑罚按其性质和期间进行分类。

第 35 条　基于性质的刑罚分类

基于其性质，刑罚分为剥夺自由、剥夺其他权利和罚金。

1）剥夺自由的刑罚为：

a）终身监禁；

b）监禁；

c）居家监禁；以及

d）周末监禁。

2）剥夺其他权利的刑罚为：

a）驱逐出境；

b）向公用事业或被害人提供服务；

c）剥夺驾驶机动车、航空器和船舶的权利；

d）剥夺拥有和携带枪支、爆炸物等的权利；

e）剥夺获得公共补贴和援助、与公共部门签订合同以及享受税收优惠或奖励或社会保障的资格；

f）暂停公民权利；

g）剥夺国籍；

h）剥夺全部资格；

i）剥夺特定的公共职权或职务资格；

j）剥夺特定的职业、行业、商业或工业资格；

k）剥夺特定的亲权、监护、保护或保佐资格；

l）禁止居住；

m）禁止接近或联系被害人；以及

n）驻留定位。

3）罚金刑为：

a）日数罚金；以及

b）比例罚金。

第 36 条 基于期间的刑罚分类

基于其期间，刑罚分为重罪刑罚、轻罪刑罚和违警刑罚：

1）重罪刑罚为：

a）终身监禁；

b）超过 5 年的监禁；

c）超过 5 年的剥夺驾驶机动车、航空器和船舶的权利，超过 5 年的剥夺拥有和携带枪支、爆炸物等的权利；

d）剥夺国籍；

e）暂停公民权利；

f）剥夺全部资格；

g）超过 5 年的剥夺特定资格；以及

h）超过 5 年的禁止居住或者禁止接近或联系被害人。

2）轻罪刑罚为：

a）6 个月至 5 年监禁；

b）6 个月至 3 年监禁；

c）超过 15 个周末的周末监禁；

d）不低于 90 日的向公用事业或被害人提供服务；

e）超过 1 年不超过 5 年的剥夺驾驶机动车、航空器和船舶的权利，超过 1 年不超过 5 年的剥夺拥有和携带枪支、爆炸物等的权利；

f）超过 6 个月不超过 5 年的禁止居住或者禁止接近或联系被害人；

g）超过 1 年不超过 5 年的剥夺特定资格；

h）超过 6 个月不超过 5 年的驻留定位；

i）超过 100 日罚金；以及

j）比例罚金。

3）违警刑罚为：

a）不满 6 个月的监禁；

b）不满 6 个月的居家监禁；

c）不超过 15 个周末的周末监禁；

d）不满 90 日的向公用事业或被害人提供服务；

e）3个月以上不超过 1 年的剥夺驾驶机动车、航空器和船舶的权利，3个月以上不超过 1 年的剥夺拥有和携带枪支、爆炸物等的权利；

f）3个月以上不超过 1 年的剥夺特定资格；

g）不超过 6 个月的禁止居住或者禁止接近或联系被害人；

h）不超过 6 个月的驻留定位；以及

i）不满 100 日的罚金。

第 2 节　剥夺自由的刑罚

第 37 条　终身监禁

如果法律规定终身监禁的，监禁刑的期间为终身。虽然该刑罚表明终身剥夺自由，但不妨碍对其复审。当满足以下条件时，终身监禁应当由主管法院复审，以评估对其暂停执行的依据：

a）服刑人已服完 30 年刑期；

b）服刑人在监狱中表现良好，并且鉴于行为的特征和行为人的个人情况不存在再次犯罪的危险；以及

c）服刑人已履行了因犯罪行为而产生的民事责任（在存在时），但主管法院在听取了有关各方和检察官办公室的意见后宣布服刑人完全或部分不可能履行的除外。

主管法院应当在有检察官办公室和辩护律师协助下的服刑人参加的对席式口头程序后，决定暂停执行终身监禁。

暂停执行的期间应当为 5 年至 10 年。有关附条件暂缓执行刑罚的条文中的规则，与本条的规定不相抵触。

鉴于评估情况可能发生变化，主管法院可以改变其先前作出的决定，并且同意适用新的禁令、义务、利益，修改此前决定的禁令、义务、利益或撤销此前决定的禁令、义务、利益。

同样，如果情况发生变化，不再容许维持不存在危险性的预期这一暂停执行决定的基础的，主管法院必须撤销暂停执行。

一旦暂停执行终身监禁被驳回，在驳回后一年内不得再次复审。

第 38 条　监禁

根据本法的规定，监禁包括剥夺服刑人的自由，以及导致剥夺

自由制度相关或固有的其他自由的暂停、制约和限制。

监禁应当在监狱或者法律规定的机制下执行。

监禁期间最短为1个月，最长为30年，但可判处终身监禁的犯罪除外。

第39条　居家监禁

居家监禁，是强迫服刑人停留于住所或者主管法院在判决中或之后的说明理由的命令中指定的特定地点。

居家监禁的期间为5年以下。

主管法院可以在特殊情况下批准离开住所，以避免判决可能造成的脱离社会影响，同时也考虑居家监禁已服刑的时间。

为了保证居家监禁的执行，主管法院可以决定使用机械或电子手段来定位服刑人。

如果罪犯不执行刑罚的，主管法院在不妨碍其对不执行刑罚的证据的申辩的情况下，应当决定在离其住所最近的监狱中执行剩余的剥夺自由时间。为此目的，居家监禁1日等于监禁1日。

因犯罪人住所不明等原因无法执行或者非常难以执行居家监禁的，应当易科监禁。为此目的，居家监禁1日等于监禁1日。

第40条　周末监禁

周末监禁，是指在周六和周日在为此目的而设立的羁押中心剥夺自由，每个周末的最短期间为36小时，最长期间为48小时。

尽管有前款规定，主管法院考虑到服刑人的工作、家庭或教育情况，在听取服刑人和检察官办公室的意见后，可以命令在一周中的其他时间里执行周末监禁的判决。

如果服刑人发生2次无故缺席的，在不影响其违反判决可能承担的相应责任的情况下，主管法院可以决定在距离其住所最近（如果不能实现就在主管法院指定的）的监狱内不间断地执行该周末监禁，或者不中断拘留。为此目的，每个周末相当于监禁2日。

本条所指的刑罚的最短期间为4个周末，最长期间为56个周末。

第 3 节　剥夺其他权利的刑罚

第 41 条　剥夺国籍

剥夺国籍，是指剥夺非原籍洪都拉斯人的国籍，并且在刑罚期间不能获得国籍。

第 42 条　暂停公民权利

暂停公民权利，意味着取消行使选举、被选举、竞选公职、担任公务员或公共雇员以及结社组建政党的权利的资格。

暂停公民权利的最长期间为 10 年，但其期间与监禁刑相关联时除外，在这种情况下，除非另有明确规定，其期间即为该监禁的期间。

第 43 条　剥夺全部资格

剥夺全部资格，是指确定地剥夺一切公共荣誉、公共职权或公共职务（即使是选举产生的也不例外），并且其在刑罚期间也不能获得这些或其他的公共职权或职务以及被选举担任公职。

剥夺全部资格的期间为 5 年至 20 年，但非本法典另有明确规定的除外。

第 44 条　剥夺特定的公共职权或职务资格

剥夺特定的公共职权或职务资格，是指在与所实施的犯罪有直接关系的前提下，确定地剥夺其所承担的公共职权或职务（即使是选举产生的也不例外）以及其所附带的荣誉。同时，在刑罚期间也不能获得相同或类似的公共职权或职务及荣誉。判决必须具体指明其所享有的公共职权或职务以及荣誉。

剥夺特定的公共职权或职务资格的期间为 3 年至 20 年，但非本法典另有明确规定的除外。

第 45 条　剥夺特定的职业、行业、商业或工业资格

剥夺特定的职业、行业、商业或工业资格，意味着在刑罚期间剥夺行使这些权利的权利，前提条件是这些权利与所实施的犯罪直接相关。判决应当具体说明剥夺资格所针对的职业、行业或活动。

剥夺特定的职业、行业、商业或工业资格的期间为 3 年至 20 年，但非本法典另有明确规定的除外。

第 46 条　剥夺驾驶机动车、航空器和船舶的权利

剥夺驾驶机动车、航空器和船舶的权利，意味着在刑罚期间不能行使这些权利。

剥夺驾驶机动车、航空器和船舶的权利的期间为 3 年至 10 年，但非本法典另有明确规定的除外。

第 47 条　禁止拥有和携带枪支、爆炸物、弹药和相关材料

禁止拥有和携带枪支、爆炸物、弹药和相关材料，意味着在刑罚期间不可能拥有和携带这些物品。

本刑罚的期间为 3 年至 20 年，但非本法典另有明确规定的除外。

第 48 条　剥夺获得公共补贴和援助、与公共部门和公共私营机构联盟签订合同以及享受税收优惠或奖励或社会保障的资格

剥夺获得公共补贴和援助、与公共部门和公共私营机构联盟签订合同以及享受税收优惠或奖励或社会保障的资格，意味着在刑罚期间不能获得此类利益。

本刑罚的期间为 3 年至 10 年，但非本法典另有明确规定的除外。

第 49 条　剥夺特定的亲权、监护、保护或保佐资格

剥夺特定的亲权、监护、保护或保佐资格，剥夺服刑人固有的第一项权利，并意味着其他权利的消灭。同样，在刑罚期间不能获得上述责任的委任。亲权的剥夺不影响子女对服刑人拥有的权利的继续存在。

主管法院可以根据案件情况，就由服刑人照料的所有或任何未成年人或残疾人对服刑人处以这些刑罚。

本刑罚的期间为 3 年至 20 年，但非本法典另有明确规定的除外。

第 50 条　向公用事业或被害人提供服务

向公用事业或被害人提供服务，要求服刑人开展无偿的公用事业活动，其中可以包括修复所造成的损害的工作，为被害人提供支持或援助的工作，参加与所实施的犯罪相关的培训、再教育、工作、文化、交通安全教育、性或其他类似内容的讲习班或计划。

服务应当在主管法院确定的地点和时间提供，为此法院必须考虑当事人的劳动和教育活动及其具体能力。每天的工作期间最少 4 小时，最多为 8 小时。每周的工作时间不得少于 20 小时，不得超过 40 小时。

向公用事业或被害人提供服务的期间为 1 个月至 1 年，但非本法典另有明确规定的除外。

公共管理部门应当为公用事业服务或为被害人服务提供便利，其可以为此目的制定适当的协议。

在未获得服刑人同意的情况下，不得判处向公用事业或被害人提供服务。在任何情况下都应当尊重服刑人的尊严，并且应当享有监狱立法在社会保障方面提供的保护。

如果服刑人发生 2 次无故缺席的，在不影响其违反判决可能承担的相应责任的情况下，主管法院可以决定用居家监禁或驻留定位替代为公用事业或被害人服务的剩余时间。为此目的，4 小时工作相当于 1 日居家监禁或 1 日驻留定位。

第 51 条　禁止居住、禁止接近或联系被害人

禁止居住，剥夺服刑人在犯罪实施地或者被害人或其家人居住地（如果两者不同）居住或去往的权利。

禁止接近被害人或其亲属或者主管法院确定的其他人，阻止服刑人接近他们的住所、工作场所和他们经常去的任何其他地方。

禁止联系被害人或其亲属或者主管法院确定的其他人，阻止服刑人通过任何通信方式（计算机或远程信息处理）与他们建立口头、书面或视觉接触。

为了确保这些刑罚的执行，主管法院可以决定使用机械或电子手段。

本刑罚的期间为 3 个月至 10 年，但非本法典另有明确规定的除外。

禁止居住和禁止接近被害人，不能与监禁或居家监禁同时执行。

它的执行只能在当事人已被释放时开始。

第 52 条　驻留定位

驻留定位，要求服刑人通过满足下列一项或多项条件接受司法监督：

1) 通过电子方式始终可定位的义务；
2) 禁止在特定时间离开住所；
3) 禁止前往特定场所；
4) 未经主管法院批准，禁止离开居住地；以及
5) 定期向主管法院报到的义务。

为了保证刑罚的执行，主管法院可以决定使用电子手段。

驻留定位的期间为 5 年以下。

如果服刑人不遵守所科处的义务或禁令，在不影响其违反判决可能承担的相应责任的情况下，驻留定位的剩余时间可以被替代为监禁或周末监禁。为此目的，1 日驻留定位转换为 1 日监禁，2 日驻留定位转换为 1 个周末监禁。

同样，如果服刑人在刑罚期间地址有任何变更的，应当通知主管法院。

第 4 节　罚金

第 53 条　日数罚金

日数罚金，要求被判刑人通过共和国国库或法律指定的机构向洪都拉斯国家缴纳一定数额的金钱。

除非本法典另有规定，罚金刑按照日数罚金制判处。罚金的期间为 10 日至 2000 日，每天罚金的数额不少于 20 伦皮拉[1]且不超过 5000 伦皮拉。

主管法院必须在对每一犯罪规定的限度内并且根据本法典规定的量刑规则，在判决中有根据地确定罚金的期间。同样，判决必须完全根据被判刑人的经济状况，考虑他的所有日常收入以及满足他

---

[1] 洪都拉斯的货币单位为伦皮拉（lempira）。

的需求和家庭责任的合理费用，确定每天的罚金数额。为了确定罚金数额，在不影响犯罪人就此提供证据的情况下，主管法院应当从公共和私人实体收集必要的信息。

第 54 条　比例罚金

尽管有前条的规定，当本法典如此规定时，罚金按照所造成的损害、犯罪对象的价值或者由此获得或追求的利益的比例来确定。

在这种情况下，主管法院应当在对每一犯罪规定的限度内确定罚金的金额。在确定每起案件的罚金金额时，不仅考虑该行为的减轻和加重情节，而且主要考虑犯罪人的经济状况。

如果不能根据本条第 1 款所指的意见计算罚金的，主管法院应当证明这种不可能的合理性，并用以下一项罚金替代所规定的罚金：

1）如果对所实施的犯罪除罚金外还应处超过 5 年监禁的，处 1000 日至 2000 日罚金；

2）如果对所实施的犯罪除罚金外还应处超过 2 年至 5 年监禁的，处 600 日至 1000 日罚金；以及

3）在其余情况下，处 300 日至 600 日罚金。

第 55 条　罚金的缴纳

无论是日数罚金或者比例罚金，都应当在判决最终确定后 30 日内缴纳。

尽管有前款的规定，主管法院根据受刑人的经济状况，可以同意其延期缴纳或者在 2 年内分期缴纳。在这种情况下，分期缴纳款项的两次未缴纳导致剩余部分的到期。

如果判决后服刑人的经济状况恶化的，主管法院在例外情况下并在核实上述情况后，可以在法定限度内修改所涉犯罪的每日罚金金额或者罚金金额，或者修改缴纳期限。

第 56 条　不执行罚金刑、不缴纳罚金的附带刑事责任

如果服刑人故意地或者以强制手段不缴纳所科处的罚金的，其应对未缴纳的罚金承担替代的以周末监禁或居家监禁形式执行的人身责任，每 2 个未缴纳罚金定额折抵 1 日剥夺自由。

主管法院还可以在服刑人事先同意的情况下，决定通过向公用事业或被害人提供服务来执行替代的人身责任。在这种情况下，1日剥夺自由相当于1个工作日。

在比例罚金的情况下，主管法院应当谨慎地酌情确定适当的替代人身责任，在任何情况下，期间不得超过2年。也可以在服刑人事先同意的情况下，决定通过社会公益服务来执行替代的人身责任。

对于被判处超过5年剥夺自由的人，不科处这种替代人身责任。

替代的人身责任的执行导致缴纳罚金义务的消灭，即使当事人的经济状况有所改善也不例外。

第5节 附加刑

第57条 附加刑

在对某一犯罪没有明确规定剥夺资格的刑罚，但法律宣布其他刑罚附随剥夺资格刑罚的情况下，剥夺资格是附加刑。

第58条 剥夺全部和特定资格的附加刑

超过5年的监禁，附随在刑罚期间剥夺全部资格，除非其已经被规定为所涉犯罪的主刑。

不超过5年的监禁，附随下列一项或多项附加刑，除非这些附加刑已被规定为所涉犯罪的主刑：

1）在刑罚期间剥夺特定的公共职权或公共雇佣资格，只要这些权利与所实施的犯罪直接相关；

2）在刑罚期间剥夺特定的职业、行业、商业或工业资格，只要这些权利与所实施的犯罪直接相关；以及

3）在刑罚期间剥夺特定的亲权、监护、保护或保佐资格，只要这些权利与所实施的犯罪直接相关。

第6节 共同规定

第59条 审前羁押和其他预防处分的折抵

被临时剥夺自由的期间，应当按照《刑事诉讼法》的规定全部计入在被决定所指的剥夺自由的案件中被判处的刑罚的执行中，但

该临时剥夺自由与在另一案件中对该服刑人所处的已被计入或能被计入的任何剥夺自由是同时发生的除外。

该规则也适用于先行决定的剥夺权利。

如果所受到的预防处分与所判处的刑罚性质不同的,主管法院将命令所判处的刑罚已在认定已抵偿的部分被执行。

如果所判处的刑罚是罚金,并且服刑人已受到审前羁押的,羁押1日相当于罚金2日。

第二章 刑罚的裁量

第1节 正犯和共犯的刑罚

第60条 正犯的刑罚

本法规定的刑罚,是对既遂犯罪的正犯的刑罚。

第61条 共犯的刑罚

对既遂犯罪或未遂犯罪的教唆犯,应当处以与法律对同一犯罪的正犯规定的相同刑罚。

对既遂犯罪或未遂犯罪的帮助犯,应当按照法律对同一犯罪的正犯规定的刑罚减轻1/3处罚。

第62条 未遂的刑罚

对实行终了的未遂犯罪的正犯,应当按照既遂犯罪的刑罚减轻1/4处罚;对未实行终了的未遂犯罪的正犯,应当按照既遂犯罪的刑罚减轻1/3处罚。

第63条 对未遂和共犯的特别规定

在依法对未遂和共犯予以特别处罚的情况下,不适用上述规则。

第2节 未完全免除

第64条 对未完全免除案件的处罚

在本法典第31条第1款规定的情形下,主管法院基于欠缺或具备的要件的数量和性质,同时考虑正犯的个人情况,并在适当情况下考虑其他从轻或加重情节,可以在其认为适当的范围内按照所实施犯罪的刑罚减轻 1/3 或 1/4 处罚。

第 3 节 犯罪竞合

第 65 条 犯罪竞合

如果一个或数个作为或不作为被实施,并且实际地触犯两个或更多个法律规范的,构成犯罪竞合。

第 66 条 真实竞合

如果同一主体实施两个或更多个作为或不作为,从而数次触犯同一刑法规范或数个刑法规范时,构成真实竞合。

对犯两个或更多犯罪或违警罪的人,如果可能的话,将考虑不法行为的性质和后果科处与同时符合的不法行为相对应的所有刑罚。

如果对各种罪行所处的刑罚不能同时执行的,应当按照其各自的轻重顺序予以依次执行。

尽管有前款规定,执行期间的上限确定为所处最重刑罚的期间的 3 倍,但最长不得超过 30 年。

如果犯罪人因为任一犯罪被判刑超过 20 年的,则该刑罚的有效执行期间上限为 40 年。

如果由于行为之间的关联性导致它们原本只能在一个案件中予以追诉的,即使这些刑罚是在不同的案件中被判处的,刑罚执行限制仍然适用。

第 67 条 想象竞合

如果单一的作为或不作为触犯并不相互排斥的数个法律条款的,构成想象竞合。

对想象竞合的评价,按照对最重的犯罪或违警罪规定的刑罚加重 1/3 处罚,但不能超过假如分别对这些罪行进行处罚时可处的具体刑罚的总和。

第 68 条 连续犯和集合犯

为执行事先形成的计划或利用同一机会,实施数个作为或不作为,侵犯一个或多个主体,并触犯同一刑法规范或者触犯性质相同或相似的规范的,应当作为连续的犯罪或违警罪的正犯,按对最严重罪行应处刑罚的较重的半个幅度〔1〕加重1/3进行处罚。

如果在欺诈或诈骗中，行为人获取不同数额的金钱，损害一群不确定的人的利益时，应当将这一事实作为一个整体评价为单一犯罪，并将欺骗金额的总和作为财产损失的金额。

如果一系列不法行为被分别考虑时，它们因为其数额各自并不构成犯罪的，构成集合犯。如果各行为各自均构成犯罪的，适用本条第2款的规定。

在集合犯中，根据所造成的总损害来确定刑罚，由此所致的刑罚可以加重2/3。

针对同一被害人的专门侵犯个人财产但未侵犯名誉、性自主和性完整的犯罪，不受前述各款规定的约束。在这些案件中，将考虑行为的性质和所触犯的规范来决定是否适用连续犯的规定。

第4节 按分数加重或减轻和修正刑事责任的情节

第69条 对刑罚按分数的加重或减轻

法律规定按分数加重或减轻的刑罚的幅度，按照下列规则确定：

1）按一定分数加重的刑罚。首先以法律对有关犯罪规定的刑罚上限数字为基础，然后增加相应的分数，所得的总和构成其上限。按一定分数加重的刑罚的下限，是法律对该犯罪规定的刑罚的上限；以及

2）按一定分数减轻的刑罚。首先以法律对有关犯罪规定的刑罚下限数字为基础，然后减少相应的分数，相减后的结果构成其下限。按一定分数减轻的刑罚的上限，是法律对该犯罪规定的刑罚的下限。

第70条 修正刑事责任情节的竞合和缺乏

主管法院应当根据以下规则确定具体的刑罚期间：

1）对于故意犯罪，主管法院将考虑下列规则在法律为该犯罪

---

〔1〕 将对应的量刑幅度按中线分割为较轻和较重两个幅度，然后要求以较重的半个幅度进行处罚，以体现从严处罚的精神。——译者注。

规定的刑罚的上限和下限之间量定刑罚：

a）如果没有加重或减轻情节的，根据犯罪人的个人情况以及行为的严重程度，在对所涉犯罪规定的框架内量刑；

b）如果只有一个或两个加重情节且没有减轻情节的，在刑罚中线和上限之间量刑；

c）如果只有减轻情节的，在刑罚中线和下限之间量刑；

d）如果有数个减轻情节且无加重情节的，按照刑罚下限量刑；

e）如果有数个加重情节且无减轻情节的，按照刑罚上限量刑；以及

f）如果同时存在减轻和加重情节，它们在刑罚的个别化中互相抵消。在这种情况下，不应判处刑罚的上限或者下限。

2）一旦适用前述各目规则，主管法院将根据犯罪人的个人情况以及行为的严重程度来确定刑罚的准确期间。

3）对于过失犯罪，主管法院应当根据过失的严重程度，在刑罚的下限和上限之间判处刑罚。

4）对于违警罪，主管法院可以考虑罪犯的个人情况和行为的严重程度，在刑罚的整个幅度内量刑，而不受前述各目规则的约束。

第71条　情节的不可分性

本法已经在所涉犯罪中作出规定的减轻情节或者加重情节，以及为所涉犯罪所固有，如果其不同时出现该犯罪将无法实施的减轻情节或者加重情节，均不适用前条的规定。

第72条　修正刑事责任情节的相通性

与实施犯罪的材料或用于实施犯罪的手段有关的加重或减轻情节，仅适用于在行为或者其促进犯罪时对它们有明知的人。

由人身性质的任何事由构成的加重或减轻情节，仅适用于它们所伴随的人。

如果教唆犯或帮助犯不具备作为正犯有罪基础的状态、特征或个人关系的，可按照法律对所涉犯罪规定的刑罚减轻1/3处罚。

第三章 刑罚执行的替代形式和假释

第1节 暂缓宣告判决

第73条 暂缓宣告判决

对于不严重的判处刑罚的判决，考虑一般预防和特别预防要求，如果满足下列条件的，主管法院可以在有理由的情况下暂缓宣告判决：

1）无论其性质如何，该行为不会招致2年以上的刑罚；

2）被告人是第一次实施犯罪。为此目的，不应考虑以前因过失犯罪而定罪的前科或者已经被消灭或应当被消灭的前科。同样，如果根据性质或情节某一犯罪与被审判的犯罪无关的，与该犯罪相应的犯罪前科不应当被考虑；

3）考虑到行为的特征和行为人的个人情况，不存在再犯罪的危险；以及

4）其行为没有产生民事责任或者所产生并在执行令中被宣告的民事责任已被履行，但主管法院在听取了有关各方和检察官办公室的意见后宣布该当事人完全或部分不可能履行的除外。

暂缓的期间为2年至5年。主管法院应当考虑犯罪人的人格、行为的具体情节和所判处刑罚的期间来确定其期间。

当主管法院决定暂缓宣告判决时，在不影响在执行令中规定所适用的民事责任的情况下，应当避免发布判决的执行部分，暂缓宣告的条件是犯罪人在规定的期间内不得再犯罪。主管法院还可以将遵守本法典第84条规定的一项或多项自由管制措施或驻留定位规定为暂缓宣告的条件，其期间不得超过因所实施的犯罪行为对该人的相应刑罚。

如果犯罪人在规定的暂缓宣告期间犯罪的，主管法院必须撤销暂缓宣告并继续宣告判决。而被定罪人则不能在相应的情况下享受暂缓执行刑罚或易科刑罚的利益。

如果犯罪人在暂缓宣告期间违反所科处的义务或责任的，主管

法院在听取各方意见后可以：

1）将所科处的行为处分替换为其他处分；

2）延长暂缓宣告期间，但在任何情况下不得超过7年；以及

3）如果再次违反的，撤销暂缓宣告并继续宣告，其后果与前款规定相同。

一旦暂缓宣告期间届满并履行规定条件的，主管法院将决定最终撤销判决。

第2节 刑罚的易科

第74条 监禁的易科

如果犯罪人不是惯犯并且犯罪人的个人情况、行为性质、行为表现特别是为修复所造成的损害所作的努力为此提供正当根据的，主管法院可以在听取各方意见后，在同一判决或此后执行开始前的某一说明理由的命令中，将单独适用或有其他刑罚附加适用的不超过5年的监禁易科为周末监禁、居家监禁或罚金。1周监禁易科为2个周末监禁，1日监禁易科为2日罚金或1日居家监禁。

如果监禁刑不超过6个月的，主管法院也可以将其易科为驻留定位。1日监禁易科2日驻留定位。

如果决定易科，还可以强制要求遵守本法典第84条规定的一项或多项自由管制措施，其期间不得超过被易科刑罚的期间。

第75条 监禁易科驱逐出境

如果某外国人在本国领域内没有犯罪前科，对其判处的不满3年的监禁可以用驱逐出境的方式代替，但主管法院以合理的方式并且在听取犯罪人、检察官办公室和当事方的意见后对在洪都拉斯监狱服刑具有正当性的理由予以认同的除外。

为此目的，将考虑被害人的利益、犯罪人重新犯罪或重新加入有组织犯罪集团的危险或者刑罚的一般预防目的可能受挫的情况。

在实施此项制裁之前，犯罪人可以赔偿对被害人造成的损失。

驱逐出境禁止犯罪人在3倍于被易科的监禁刑期的期间内再次进入国家领域，从驱逐之日起算。如果他在此期间内返回，其将继

续服已被易科的刑罚，但不影响对其追究违反判决罪的刑事责任。

在易科驱逐出境的刑罚时，要求犯罪人对损失和损害进行赔偿的所有权利应当被考虑，主管法院可以酌情给予其这一有利处遇。

第76条　居家监禁的易科

如果不属于惯犯，主管法院在征得犯罪人事先同意的情况下，可以将不属于轻罪刑罚的周末监禁易科为罚金或向公用事业或被害人提供服务。在这种情况下，1个周末监禁易科为4日罚金或2个工作日（每个工作日8小时）服务。

主管法院还可以对犯罪人科处本法典第84条规定的一项或多项自由管制措施。

第77条　易科的变更或撤销

在任何情况下，易科后的刑罚不能再被易科为其他刑罚。

如果出现下列任何一种情况，主管法院将决定执行易科前的刑罚，并视情形按照前述条文各自规定的转换规则扣减已服刑的期间：

1）实施新的故意犯罪行为的；
2）全部或部分不执行易科后的刑罚的；或者
3）反复违反被科处的自由管制措施的。

当个人情况发生变化时，主管法院应犯罪人的请求并在听取检察官办公室的意见后，可以变更对该犯罪人科处的管制措施。

第3节　缓刑

第78条　监禁的缓刑

如果满足以下条件的，主管法院可以有合理根据地决定有条件暂缓执行监禁刑：

1）单独适用或有其他刑罚附加适用的该监禁不超过5年；
2）这是犯罪人第一次实施犯罪。为此目的，不应考虑以前因过失犯罪或违警罪而定罪的前科或者已经被消灭或应当被消灭的前科。同样，如果根据性质或情节某一犯罪与被审判的犯罪无关的，与该犯罪相应的犯罪前科不应当被考虑；
3）考虑到行为的特征和行为人的个人情况，不存在再犯罪的

危险;以及

4)其行为没有产生民事责任或者所产生并在执行令中被宣告的民事责任已被履行,但主管法院在听取了有关各方和检察官办公室的意见后宣布该当事人完全或部分不可能履行的除外。

暂缓执行的条件是犯罪人在不超过 5 年的期间内不得再犯罪。主管法院考虑犯罪人的个人情况、行为的特征和所判处刑罚的期间,在听取各方意见后,确定其具体期间。

主管法院在决定暂缓执行时,还可以在考验期内科处本法典第 84 条规定的一项或多项自由管制措施。

缓刑不影响附加刑和有罪判决的其他后果。它也不能免除因犯罪而产生的民事责任,即使这些责任在破产程序中未被偿付也不例外。

第 79 条 不遵守缓刑规定

主管法院将监禁暂缓执行的条件和期间告知犯罪人,并记录在案。

当个人情况发生变化时,主管法院应犯罪人的请求并在听取检察官办公室的意见后,可以变更对该犯罪人科处的管制措施。

如果当事人在规定的缓刑期间内犯罪的,主管法院将撤销缓刑。

如果当事人在规定的缓刑期间内违反所科处的义务或责任的,主管法院在听取各方意见后根据具体情况:

1)将所科处的行为处分替换为其他处分;

2)延长暂缓执行期间,但在任何情况下不得超过 5 年;以及

3)如果再次违反的,撤销缓刑。

第 80 条 缓刑或缓刑撤销的效力

一旦缓刑被撤销,主管法院应当命令执行刑罚,而不能适用本法典规定的刑罚易科的规则。

一旦缓刑期间届满,当事人没有再次犯罪并且已经履行主管法院规定的行为管制措施(如果存在)的,主管法院将决定予以最终撤销刑罚。

第 4 节 假释

第 81 条 假释

如果同时符合下列条件的，执行法官可以给予服刑人假释的处遇：

1）对不超过 15 年的监禁，服刑人已服完所判刑罚的 1/2；对超过 15 年不超过 30 年的监禁，服刑人已服完所判刑罚的 2/3；对超过 30 年的监禁，服刑人已实际服刑 30 年的；

2）服刑人在监狱中行为表现良好；

3）重新融入社会预后良好；以及

4）服刑人已履行了因犯罪行为而产生的民事责任（在存在时），但主管法院在听取了有关各方和检察官办公室的意见后宣布服刑人完全或部分不可能履行的除外。

主管法院在准予假释的决定中，可以有合理根据地对当事人在假释期间科处本法典第 84 条所指的一项或多项自由管制措施。

假释期间为当事人剩余的服刑期间。如果在此期间内，服刑人实施新的故意犯罪或者不遵守被科处的自由管制措施的，主管法院将撤销给予的释放，当事人将重新入狱服尚未被执行的刑罚，最多可以从其中扣除 3/4 的释放时间。

一旦假释期满，当事人没有实施新的故意犯罪或者不遵守所科处的自由管制措施的，刑罚将被视为已消灭。

该制度不适用于因参与有组织犯罪集团而被定罪的服刑人，但他们通过阻止实施或者提供或获取已实施的其他犯罪的证据的方式来直接有效地合作以阻止其他有组织犯罪行为，并在此后满足本条所指的条件的除外。

第 82 条 假释的例外制度

虽然不符合前条之规定，但是犯罪人已年满 70 周岁或在服刑期间年满 70 周岁，并且符合前条第 1 款所要求的情形（在相应的情形下已服完所判刑罚的 1/2 或 2/3 的除外）的，只要他们没有被判处超过 20 年监禁的刑罚，就可以获得假释。

对于病情严重的患有无法治愈疾病的病人也适用同样的标准，这种情况必须在公共卫生系统专业人员出具相应的医疗报告后才能予以认定。

在特殊情况下，对被判处不超过10年监禁且已服完刑罚1/3的人，如果他是主犯并且从未被暂缓宣告判决或暂缓执行刑罚，一旦满足前条第1款第2项、第3项和第4项的情形的，主管法院可准予假释。

本制度不适用于因参与有组织犯罪集团而被定罪的服刑人。

第5节 共同规定

第83条 惯犯

对本章而言，惯犯是指曾经因为两个或者更多个性质相同的犯罪被判决有罪，在定罪后5年内又实施新的犯罪的人。

在计算时，考虑可能的暂缓宣告判决或暂缓刑罚执行或刑罚易科的时刻以及作为惯常性基础的犯罪的实施日期。

第84条 自由管制措施

在本章明确规定的情况下，考虑所实施行为的性质和当事人的社会复归需要，主管法院可以科处以下一项或多项措施：

1）禁止前往特定地点；

2）禁止与被害人、其亲属或主管法院确定的其他人接近或联系；

3）未经主管法院批准，禁止离开居住地；

4）定期向主管法院报告其活动并证明其合理性的义务；

5）参加培训、工作、文化、交通安全教育、性教育和家庭咨询计划；

6）接受心理、精神、戒毒等门诊治疗；

7）暂停驾驶机动车、航空器和船舶的权利；

8）暂停拥有和携带武器和爆炸物的权利；以及

9）穿戴电子脚镣或设备。

管制措施的内容在任何情况下都不能损害服刑人的尊严。

第五编　保安处分

第一章　保安处分

第 85 条　保安处分的前提和限度

只有同时满足以下两个条件时，主管法院才能对属于下一章规定情况的人员适用保安处分：

1）当事人实施了被规定为犯罪或违警罪的行为；以及

2）根据行为和当事人的个人情况，可以推断出可能实施新犯罪的未来行为预测。

保安处分不得比对所实施行为适用的刑罚更重或更长，也不得超过防止当事人的危险所需的限度。如果对所实施的行为可判处的刑罚不是剥夺自由的，主管法院只能适用一项或多项不剥夺自由的处分。

第 86 条　处分的复审

在判决执行期间，主管法院通过对席式程序可以：

1）维持所科处的保安处分的执行；

2）决定在服刑人的犯罪危险消失后立即停止所科处保安处分的执行；

3）在针对该案件规定的保安处分中易科认为更合适的其他保安处分；以及

4）鉴于该处分的实施已经取得的效果，暂停执行该处分，暂停期间不得超过判处该处分的判决中所确定的期间上限。暂停的条件是服刑人在规定的期间内不再实施犯罪，如果被再次证明有本法典第 85 条规定的情形之一的，可以宣告暂停无效。

为此目的，主管法院评估医生或协助执行所科处分的专业人员出具的报告，将至少每年一次提出维持、停止、易科或暂停剥夺自由的保安处分或更生保护处分的建议。对其余案件，主管法院将根据有关服刑人的演变、复归程度和累犯预后的报告，酌情提出相应的建议。

第 87 条　保安处分的种类

根据本法典可以科处的保安处分，包括剥夺自由的保安处分和不剥夺自由的保安处分。

1) 剥夺自由的处分是：
a) 收容于精神病中心；
b) 收容于戒毒中心；以及
c) 收容于特殊教育中心。

2) 不剥夺自由的处分是：
a) 接受门诊治疗；
b) 取消职业资格；
c) 剥夺驾驶机动车辆和轻便摩托车的权利；
d) 剥夺拥有和携带武器和爆炸物的权利；
e) 家庭看管；
f) 禁止居住；
g) 禁止前往特定地点；
h) 接受培训、文化、职业教育、性教育和其他类似计划；
i) 善行保证；
j) 更生保护；以及
k) 驱逐外国人。

受到不剥夺自由保安处分的人或负责其看管的人有义务向主管法院确定他们将拥有的住所。对此的任何变更都应当提供正当理由并告知主管法院以获得批准。

第 88 条　收容

主管法院将根据本章规定的前提和限度在判决中确定收容处分的上限。

收容处分是在国家监狱系统的专门机构中执行的。如果没有足够的机构来执行该处分，则根据其性质，将在为之配备适当设施的监狱机构的附属部分或专门区域中执行。

在特殊情况下，如果提供充分的履行处分保证，主管法院可以批准在私立机构执行收容处分，费用由服刑人或负责其看管的人承担。

第 89 条 门诊治疗

如果提供充分的履行处分保证，主管法院根据医生的报告，可以随时以在公共机构的门诊治疗替代收容，或者从一开始就科处这种治疗。

第 90 条 取消职业资格和剥夺权利

如果所实施的行为与职业、职务或任何与这些权利的行使有关的，主管法院可科处取消职业资格或剥夺拥有和携带武器和爆炸物或驾驶机动车、航空器和船舶的权利，最长期间为 15 年。

在特殊情况下，剥夺拥有和携带武器和爆炸物的权利或驾驶机动车、航空器和船舶的权利可能是永久的。

第 91 条 家庭看管

家庭看管处分的最长期间为 5 年。

受此处分的人受到指定家庭成员或监护人的照看和监管，其执行将在执行法官的监督下进行，看管人有义务使他们受到适当的治疗并定期报告，所有这些都不得影响被看管人的学校或工作活动。

第 92 条 禁止令

主管法院可科处禁止在指定地点或地区居住或者禁止前往特定地点，最长期间为 5 年。

可以使用电子设备来确保其执行。

第 93 条 参加培训等计划

如果这些计划与当事人的犯罪危险性相关的，主管法院可以科处参加培训、文化、职业教育、性教育或其他类似计划的处分，期间最长为 5 年。该处分的内容在任何情况下都不能损害犯罪人的尊严。

第 94 条 善行保证

善行保证，是指在适用与所实施行为的刑罚期间相对应的期间内,向主管法院提供令其满意的个人担保、抵押担保、质押担保或保证金担保,以便当事人不实施新的应受刑罚惩罚的行为,并遵守主管法院科处的与其犯罪危险性相关的义务或禁令。其内容在任何情况下都不得损害服刑人的尊严。

如果善行保证的人实施新的犯罪或者未能遵守所科处的义务或禁令的,向国家兑现保证。否则,在规定的执行期间结束时,保证将被撤销。

第 95 条　更生保护

更生保护,是指通过执行下列一项或多项处分使服刑人接受司法监督:

1）始终可通过允许不间断追踪的电子设备进行定位的义务;

2）定期到主管法院指定的地点报到的义务;

3）通过主管法院为此目的指定的方式立即告知居住地或者工作的地点或职位的每次变更;

4）未经主管法院批准,禁止离开居住地或指定的区域;

5）禁止接近被害人或其亲属或者主管法院确定的其他人;

6）禁止与被害人或其亲属或者主管法院确定的其他人联系;

7）禁止前往特定区域、地点或机构;

8）禁止居住在特定地点;

9）禁止从事可能为实施类似性质犯罪行为提供机会或便利的特定活动;

10）参加培训、工作、文化、性教育或其他类似计划的义务;以及

11）在经本人同意的情况下接受外部治疗或接受定期医疗检查的义务。

在本法典有明确规定的情况下,主管法院应当在判决中判处更生保护处分,以便其在被判处剥夺自由刑之后立即被执行。

为此目的,执行法官将在剥夺自由刑执行完毕之前至少 2 个月向主管法院提交适当的建议,主管法院将根据上述程序具体明确处分的内容,确定服刑人应当遵守的本条第 1 款的义务或禁止令。

如果当事人被判处数个剥夺自由刑且必须连续服刑的，前款规定应当理解为是指全部刑罚服刑完毕之时。

如果对各种不同犯罪科处的更生保护处分隐含无法同时执行的义务或禁止令的，则将依次履行这些义务或禁止令，但不影响主管法院应检察官办公室的要求行使以下权力：

1) 在将来更改所科处的义务和禁止令；

2) 鉴于重新融入社会的积极预测认为继续实施所科处的义务或禁止令不必要或者会适得其反的，缩短更生保护期间或者甚至终止更生保护；以及

3) 如果在处分开始执行之初出现前项所述情况的，终止该处分。

第 96 条　违反保安处分

违反收容保安处分，会导致当事人被重新收入他逃离的同一机构或与其状态相对应的另一个机构中。

违反其他处分，如果有关情形有规定并且违反行为表明有必要的，主管法院可以决定以收容取代这些处分。

如果是更生保护保安处分并且违反了一项或多项义务的，则主管法院考虑并存的情节，可以通过对席式程序修改所科处的义务或禁止令。如果重复或严重的违反表现出不遵守所科处的义务或禁止令的意志的，主管法院还将追究与违反判决罪相对应的责任。

第二章　保安处分的适用

第 97 条　危险状态

对实施了犯罪行为的无责任能力的当事人，法院可以根据上一章规定的限度和前提，处以收容保安处分（如有必要）或者任何其他不剥夺自由的处分。

对实施了犯罪行为的有责任能力的当事人，除了相应的刑罚外，主管法院可以根据本法典第 87 条规定的限度和前提，处以该条规定的任何处分。在此情况下，适用下条之规定。

对存在再次犯罪的未来行为预测的有责任能力的人，在对此有明确规定的犯罪中，主管法院可以处以更生保护，以便根据本法典第 95 条的规定在刑罚之后立即被执行。

第 98 条　刑罚和保安处分的竞合

除本法典前条第 3 款规定外，在剥夺自由的刑罚和保安处分同时存在的情况下，主管法院将首先命令执行将被计入刑罚的处分。在保安处分执行完后，如果执行刑罚危及通过该处分所达到的效果的，主管法院可以在不超过刑罚期间的期间内暂缓执行刑罚的剩余部分。

第 99 条　保安处分的监督

保安处分的执行由监狱系统负责，对其执行的监督由执行法官负责。

第 100 条　罪犯意外发生精神障碍

在判决被宣告并最终确定后，犯罪人患上持续精神障碍的，主管法院将暂缓执行已判处的剥夺自由的刑罚，并且可以判处收容处分，该处分在任何情况下都不能比被替代的刑罚更严厉。如果是不同性质的刑罚的，主管法院应当评估犯罪人的状况，并在可适用的情况下，通过处以其认为必要的不剥夺自由的保安处分的方式来暂停刑罚的执行。

一旦犯罪人的健康恢复，除非另有规定，其将服刑。但如果服刑在某种程度上可能是不必要的或适得其反的，不影响主管法院可以基于公平理由予以终止或缩短其期间的权力。

第六编　附随后果

第 101 条　没收

对故意犯罪的任何刑罚并且符合《共和国宪法》第 73 条的规定时，需要没收用于实施犯罪的工具或手段以及由此产生的财物和利益（无论其经历了何种转换），但被害人或合法获得这些物品的善意第三人所享有权利的除外。在犯罪所得财产与其他合法资产混合的情况下，在被混合犯罪所得的评估经济价值范围内进行没收。

没收的范围扩大到恐怖主义犯罪、本法典第二卷第二十七编第一章至第六章的腐败、贩运毒品、贩运人口、洗钱以及在有组织犯罪集团范围内实施的犯罪活动中的工具、资产、物品或收益。为此目的，对被判决构成这些犯罪之人的物品，如果其价值与这些人合法所得的收入不成比例的，将被视为来自犯罪活动。

取得（包括免费取得）它们的人明知它们来自犯罪活动，具有掩饰其非法来源或者帮助参与上述活动的任何人的目的的，不能被视为被善意第三人。根据具体情节（例如无偿或以明显低于市场价格的金额为对价取得），应当知道财产转让的目的是隐瞒资产的非法来源或防止其被没收的人，也不能被视为善意第三人。

如果由于任何原因无法没收来自犯罪行为的收益或财物的，则将决定没收金额与其经济价值相当的其他资产。在下列任何情形下，如果在对席式程序中证明了非法的财产状态并且当事人已被指控或起诉该犯罪的，即使未对任何人处以刑罚，也可以决定进行前述各款规定的没收：

1) 因当事人缺席或患有妨碍起诉的慢性病，存在行为时效届满的风险的；以及

2) 因当事人被免除刑事责任或者刑事责任已经消灭的。

根据最终决定没收的财产、工具和收益，除非必须用于向被害人支付赔偿金，否则应当交给国家用于法律规定的用途。

第七编　法人责任

第 102 条　应负刑事责任的法人（废止）[1]

第 103 条　不负刑事责任的法人（废止）[2]

---

[1] 被 2021 年 11 月 1 日第 93-2021 号法令废止。
[2] 被 2021 年 11 月 1 日第 93-2021 号法令废止。

第 104 条　对法人的刑罚（废止）[1]

第 105 条　应负刑事责任法人的减轻情节（废止）[2]

第 106 条　暂停针对法人实施犯罪的诉讼程序（废止）[3]

第八编　刑事责任及其后果的消灭

第 107 条　刑事责任消灭事由

有下列原因之一的，刑事责任消灭：

1) 犯罪人死亡；

2) 在法律规定的情况下并以法律规定的方式得到被害人或任何有其法定代表权的人的宽恕；

3) 依职权或应当事人请求宣布刑事追诉、刑罚或保安处分的时效已过；

4) 按照法律规定的条件进行的大赦或特赦；以及

5) 服刑完毕或者刑罚的最终撤销。

法人的变更并不消灭其刑事责任，刑事责任将转移至由法人变更而来的一个或多个实体。在这种情况下，主管法院可以根据在受变更影响的每个实体中最初应承担责任的法人的权重，减轻应执行的刑罚。

第 108 条　宽恕制度

宽恕应当在判决宣告之前以明示的形式作出。对依赖私人请求提起公诉的犯罪或违警罪，宽恕在每一个案件中具有规定的法律效力。

如果被害人或受害方是未成年人或残疾人的，主管法院可以否定其代表人作出的宽恕的效力，在这种情况下命令在检察官办公室

---

[1] 被 2021 年 11 月 1 日第 93-2021 号法令废止。

[2] 被 2021 年 11 月 1 日第 93-2021 号法令废止。

[3] 被 2021 年 11 月 1 日第 93-2021 号法令废止。

参与下继续诉讼程序或者执行判决。

主管法院否定前款所指的宽恕时，应当首先听取该未成年人或残疾人的代表人的意见。

第 109 条　刑事追诉时效

除本法典第 116 条规定的情况以及《共和国宪法》第 57 条和第 325 条规定的情况外，对实施犯罪的刑事追诉时效期间为：

1）如果对该罪的法定最高刑是 15 年或超过 15 年监禁的，为 20 年；

2）如果法定最高刑为超过 10 年的剥夺资格或者超过 10 年但不满 15 年监禁的，为 15 年；

3）如果法定最高刑为超过 5 年但不超过 10 年的剥夺资格或者监禁的，为 10 年；以及

4）其他犯罪，为 5 年。

违警罪在其实行 6 个月后时效届满。

如果法定刑由各种刑罚复合而成，对其中时效期间最长的刑罚适用本条规定的规则。在犯罪竞合或者关联犯罪的情况下，时效期间是与其中最严重的犯罪相对应的时效期间。

第 110 条　刑事追诉时效的起算

除《共和国宪法》第 325 条规定的情况外，按照下列情形中的规定计算刑事追诉时效：

1）自犯罪既遂、实行被中断或者规定可罚的预备行为已实施之日起计算；

2）连续犯和集合犯，自最后一个行为被实行或者最后一个行动被实施之日起计算；

3）继续犯，自不法状态消除之日起计算；以及

4）在危害生命罪的未遂、堕胎、故意伤害、基于性别的暴力、侵犯精神完整罪、贩运人口、遗弃未成年人、侵犯行动自由、决定自由或性自主或性完整犯罪、侵犯住宅的不可侵犯性和隐私罪以及侵犯劳动权利和家庭关系的犯罪中，未成年人是被害人的，期间从该未成年人成年之日起计算；如果该未成年人在成年之前死亡的，

则从其死亡之日起计算。

第111条 刑事追诉时效期间的中断

自对被指称应承担责任的人的刑事诉讼开始，刑事追诉时效中断，已经历的期间无效；从起诉因法律规定可以暂停的情况以外的任何情况而瘫痪之时起，重新开始计算。

在根据诉讼法规定决定中止刑事诉讼的情况下及该中止期间，刑事追诉的时效期间中止。

第112条 行刑时效

除本法典第116条规定的情况外，生效判决中判处的刑罚的时效期间为：

1）刑罚期间加上1/3的期间。如果是重罪刑罚或法人刑罚，该期间在任何情况下都不得少于2年；如果是轻罪刑罚，不得少于1年；

2）如果是因实施违警罪而被判处的刑罚，为6个月；以及

3）易科后的刑罚和附加刑，时效期间为与主刑相同。

对上述规定的理解，不影响《共和国宪法》和程序法规定的规则。

第113条 行刑时效的计算、中断和中止

行刑时效的期间，自判决最终确定之日或者从逃避或违反（视情况而定）刑罚发生之日起计算。

如果犯罪人实施性质相同的其他犯罪的，时效期间中断，已经历的期间无效。

有下列情形之一的，行刑时效中止：

1）暂缓执行刑罚期间；或者

2）执行无法与其同时执行的另一个刑罚期间。

第114条 保安处分的时效

保安处分根据其各自的性质，适用与刑罚的时效相同的期间和条件。

如果保安处分的执行是在刑罚执行之后，其期间从刑罚执行完

毕时开始计算。

第 115 条　民事诉讼和时效

对犯罪导致的民事责任提起诉讼请求，不妨碍刑事追诉或者刑罚时效期间的进行。

第 116 条　不受时效约束的犯罪和刑罚

下列犯罪在任何情况下都不受时效约束：

1）危害人类罪、导致一人或多人死亡的恐怖主义犯罪、酷刑、强迫人员失踪、贩运人口和对不满 18 周岁未成年人的性剥削；以及

2）可判处终身监禁的任何犯罪。

下列刑罚在任何情况下都不受时效约束：

1）因为实施前款所提到的犯罪而在生效判决中被判处的刑罚；以及

2）《共和国宪法》、洪都拉斯国家签署和/或批准的国际条约和公约或者其他刑法规定的不受时效约束的刑事追诉和刑罚。

第九编　犯罪前科的撤销

第 117 条　犯罪前科的撤销

被生效判决定罪并且刑事责任已经消灭的人，有权从主管法院获得其犯罪前科的撤销。主管法院依职权或应当事人的请求撤销犯罪前科。

为了撤销犯罪前科的权利被有效承认，应当满足以下条件：

1）除非被宣布无偿还能力，被有效主张权利的因犯罪而产生的民事责任已经履行，但该犯罪人经济状况好转的不在此列；以及

2）因过失犯罪被判处刑罚的已经历 2 年，或者因故意犯罪被判处刑罚的已经历与刑期相同的期间（但最长 10 年、最短 6 个月），没有实施新的犯罪的。

3）前项规定的期间从刑罚执行完毕的次日起计算。因暂缓执行刑罚的期间届满并遵守管制措施而被最终撤销刑罚的，期间从假

如没有享受此项福利应当执行刑罚的次日起计算。

4）如果虽然符合本条规定的前述条件但尚未被撤销犯罪前科的，主管法院一旦核实该情况将命令立即撤销犯罪前科并且不会出于任何目的再考虑它们。

第十编　源自犯罪的民事责任

第一章　民事责任及其形式

第118条　一般规则

实施法律类型化为犯罪或违警罪的行为的，有义务赔偿所造成的损失和损害。

任何因实施犯罪或违警罪而受到损害的人，可以根据刑事诉讼法的规定和本法典的规定，在同一刑事诉讼中要求承担民事责任。

在任何情况下，被害人都可以选择向民事法庭要求承担民事责任。

第119条　民事责任

民事责任包括：

1）恢复原状；
2）全面赔偿物质和精神损失；以及
3）损害赔偿。

第120条　恢复原状

恢复原状应当尽可能恢复成同一财产原有的状态，并支付主管法院确定的损失和破坏赔偿金。即使该财产处于合法且善意地取得该财产的第三人的占有之下，也应当恢复原状，并保留其对相应的人的追索权。

如果第三人以法律规定的方式和条件获得该财产从而使得其不可恢复的，恢复原状不适用于该财产。

如果不是在客观上或法律上能够恢复原状的财产的，主管法院应当规定履行因犯罪而产生的民事责任的方式。

第 121 条　全面赔偿损失

赔偿物质或精神损失，包括主管法院考虑损失的性质、犯罪的情节和特征、被害人和侵害人的个人状况以及所受损害的后果所审慎确定的给予、作为或不作为的义务。

在没有恢复原状余地的情况下，需要赔偿物质损失。至少应当考虑该物品的价格，如果可能的话，还应当考虑该物品对被害人的情感价值。

主管法院将决定所科处的义务是否必须由责任人履行，或者是否可以采取由其承担费用的方式执行。

第 122 条　损害赔偿

损害赔偿，包括对给被害人造成的损害的赔偿，以及给被害人的家人或者第三人造成的损害的赔偿。主管法院将根据对赔偿损失所制定的相同规则确定相应的赔偿金额。

第 123 条　由于被害人的先行行为而减轻的责任

如果被害人自己的不法行为是所遭受的损失或损害的部分原因的，主管法院可以公平地减少其应获得的损害赔偿和民事赔偿的金额。

第二章　应负民事责任的人

第 124 条　直接民事责任

负有直接民事责任的人是：

1）在损失或损害是由犯罪或违警罪行为造成时，因该犯罪或违警罪而被宣告负有刑事责任的自然人或法人。如果有两个或两个以上应负刑事责任的人的，主管法院将确定每个人应当履行的民事责任份额；

2）在由于被视为犯罪或违警罪的行为发生决定保险风险的意外事件时，保险人在法律或合同规定的限额内承担因任何服务、活动、财产的使用或利用、工业或公司而产生的金钱责任风险；以及

3) 在从没有参与的犯罪或违警罪行为中以任何方式获得利益的人,有义务恢复原状或者赔偿相当于不当得利的数额。

第 125 条 共同连带责任

正犯和共犯分类中的每一个人,对他们的份额承担连带责任。

法人的民事责任应当由因同一行为被定罪的自然人承担连带责任。

前条第 2 项和第 3 项中所指的主体在其各自的责任限度内,与正犯和共犯承担同等责任。

第 126 条 补充责任

正犯和共犯对其他责任方的相应份额承担补充责任。补充责任首先对正犯的财产生效,然后对其他共犯的财产生效,从其中参与行为程度较高的人开始。

在正犯和共犯缺席的情况下,下列人员是补充民事责任人,但这些主体必须直接或连带承担责任的情形除外:

1) 父母或监护人,对由处于其亲权或监护支配下的未成年儿童实施的犯罪行为所造成的损失或损害;

2) 拥有视觉、文字或口头的通信或传播媒介的自然人或法人,对利用这些媒介实施的犯罪,不影响认定他们对促成或允许损失或损害存在疏忽或草率;

3) 自然人或法人,对在其机构内实施的犯罪行为,如果该人或者其店员、管理人员、代表人违反了与此类行为直接相关的警察条例或当局规定,而且没有上述违反行为该情况就不会发生的;

4) 从事任何工业、商业或服务的自然人或法人,对其店员、管理人员或代表人在履行其义务或职权时实施的犯罪行为;

5) 拥有运输公司的自然人或法人或者可能给第三方带来危险的车辆的所有人,对被授权人员利用这些工具实施的犯罪行为;

6) 制造或销售存在导致产生有害结果的瑕疵或缺陷的产品或商品的自然人或法人,应当对由于该瑕疵或缺陷而造成的损失或损害承担责任;以及

7) 公共管理部门和其他附属实体,对当局、其雇佣的代理人

或公务员在履行其职务或职权时实施的犯罪行为，如果所造成的损失或损害是执行委托给他们的公共服务的直接后果的。

第 127 条　免除刑事责任时的民事责任

因为无责任能力、紧急状态、无法克服的恐惧或错误而阻却刑事责任的，不包括根据下列规则生效的民事责任：

1）无责任能力人对其造成的损失或损害负有直接责任，但应保证其生活费或者对其的收容所导致的费用。如果无责任能力的未成年人或残疾人的父母、监护人、保佐人或受托人对导致或允许损失或损害的发生存在疏忽或草率的，应承担连带责任，但需要对该无责任能力人承担直接民事责任的除外；

2）在紧急避险中，如果避免造成的损害是可估价的，其受益人应按照与被避免损害的比例负直接民事责任；

3）如果存在无法克服的恐惧的，由引起恐惧的人负直接责任，如果没有引起者则由实施该行为的人负直接责任；以及

4）在错误中，引起错误的人负直接民事责任，如果没有引起者则由实施该行为的人负直接责任，但可能需要就被宣告负刑事责任的人承担相应的直接民事责任的情形除外。

第三章　共同规定

第 128 条　追偿权

前几条规定的关于连带责任的规则的适用，不影响那些已经以其财产支付了与其他责任方相应份额之全部或部分的人的追索权。

第 129 条　补充法

因犯罪或违警罪而产生的民事责任，在本法典中没有规定的所有事项上，均受普遍适用于债务的民事条款的调整。

第 130 条　金钱责任的优先次序

民事责任人应当按照以下优先顺序支付赔偿金：

1）赔偿损失和对所造成的损害的赔偿；

2）向国家赔偿在该案中代表国家所支出的费用；

3) 由原告承担的费用（如果有）；
4) 其他诉讼费用；以及
5) 罚金。

在只能基于一方当事人的请求进行追诉的犯罪中，原告的费用应当优先于对国家的赔偿得到偿付。

第131条　起诉资格的合法性

受犯罪或违警罪损害的人及其继承人可以要求承担民事责任；在洪都拉斯国家为受害方的情况下，由共和国总检察长要求承担民事责任。

第132条　民事责任的诉讼时效

根据《共和国宪法》第325条的规定，产生于犯罪行为的民事权利及其相应的诉讼的时效期间为5年，从确定应当承担刑事责任的正犯或共犯以及应当对所造成的损失和损害承担民事责任的其他人员判决最终生效之日起计算。民法典和商法典规定的时效中止和中断的事由适用于该种情形。

第133条　外国判决的民事效力

外国法院作出的有罪判决，通过相应机构在洪都拉斯被认证的，依法在洪都拉斯产生其所有的民事效力。

第十一编　刑法意义上的定义

第134条　公务员或者公共雇员

对刑法而言，公务员或者公共雇员是指：

1) 根据法律规定、普选、任命或者合同关系参与履行公共职权以及公私合作的任何人；以及

2) 公共的公司、社团或基金会（包括公共管理部门在其中的股份超过半数的公司、社团或基金会）的管理人。

对刑法而言，下列人员视为外国公务员或者公共雇员：

1) 代表其他国家参与履行公共职能或公共服务的任何人员；

以及

2）国际公共组织的任何官员或代表人。

第 135 条　残疾

对本法典而言，残疾是指一个人在身体、智力或感官方面存在表明在某些情况下限制或丧失其行为能力的永久性缺陷。

如果日常行使其能力时需要第三方的帮助或支持的，残疾人被视为需要特殊保护。

第 136 条　有组织犯罪集团

有组织犯罪集团，是指以实施本法典规定所定义的一项或多项重罪为目的，存在一定时间并且协同行动的由 3 个或更多的人员组成的任何有组织的团体。

第 137 条　文书

对本法典而言，文书是指表达或包含可能具有证明效力的数据、事实或叙述的任何物质载体。

第 138 条　当局

对刑法而言，当局是指拥有指挥权或行使自己的管辖权的任何法人、法院或社团组织或者其成员；在任何情况下，国民议会的成员以及检察官办公室的官员都被视为当局。

第二卷 分 则

第一编 危害国际社会罪

第一章 反人类罪

第 139 条 危害人类罪

在广泛或有系统地针对平民人口进行的攻击中，在明知这一攻击的情况下，作为攻击的一部分而实施的下列任何一种行为的，构成危害人类罪，处 30 年监禁至终身监禁，以及剥夺国籍和与监禁相同期间的剥夺全部资格：

1）谋杀；

2）灭绝；

3）奴役；

4）驱逐出境或强行迁移人口；

5）违反国际法基本规则，监禁或以其他方式严重剥夺人身自由；

6）酷刑；

7）强奸、性奴役、强迫卖淫、强迫怀孕、强迫绝育或严重程度相当的任何其他形式的性暴力；

8）基于政治、种族、民族、族裔、文化、宗教、性别或根据公认为国际法所不容的其他理由，对任何可以识别的团体或集体进行迫害；

9）强迫人员失踪；

10）种族隔离罪；以及

11）故意造成重大痛苦，或对身体完整或身心健康造成严重伤害的其他性质相同的不人道行为。

第 140 条　强迫人员失踪

实施强迫人员失踪罪的，处 15 年至 20 年监禁和暂停公民权利。公务员、国家或个人或团体的代理人，在国家的授权、支持或默许下，剥夺一个或多个人的自由（无论其形式如何），随后缺乏信息或拒绝承认上述剥夺自由的行为或拒绝告知该人的下落，从而阻碍法律补救措施和相关程序保障的实施的，构成强迫人员失踪罪。

如果公务员或公共雇员在履行职责时实施该行为的，除了前款所指的刑罚外，还应处 20 年至 25 年剥夺全部资格。

第 141 条　加重的强迫人员失踪

如果有下列情形之一的，监禁加重 1/3：

1）失踪者被剥夺自由的时间超过 72 小时；或者

2）失踪者是未满 18 周岁的人、孕妇、老人、残疾人或患有无法自理的疾病。

第 142 条　减轻的强迫人员失踪

如果在剥夺自由后不超过 72 小时的期间内，责任人自愿或通过谈判释放了被害人，并提供了查明受害人所在位置的信息，而且被害人的身体健康和完整没有遭受损害的，刑罚减轻 1/3。

第二章　种族灭绝罪

第 143 条　种族灭绝罪

蓄意全部或局部消灭某一民族、族裔、种族、意识形态或宗教团体而实施的下列任何行为的，处 30 年监禁至终身监禁和与监禁相同期间的剥夺全部资格，对于非洪都拉斯原籍的洪都拉斯人还要剥夺国籍：

1）杀害该团体的成员；

2) 严重损害该团体的成员的身体或精神完整;

3) 故意使该团体处于导致其全部或局部的身体毁灭的生存状况下;

4) 采取旨在防止该团体内的生育的措施;或者

5) 强迫转移该团体的儿童至另一团体。

共谋、提议或者煽动实施种族灭绝罪的,处 10 年至 15 年监禁。

第三章 战争罪

第 144 条 严重违反日内瓦公约

在两个或两个以上国家间所发生的经过宣战的战争或任何其他武装冲突(无论是否承认)中,或者在一国的领土一部或全部被占领之场合(即使此项占领未遇军事抵抗),或者在国内冲突的场合,针对在武装冲突中受保护的人员或财产采取行动,实施下列任何行为的,处 30 年至 40 年监禁,以及剥夺国籍和与监禁相同期间的剥夺全部资格:

1) 故意杀害;

2) 酷刑或不人道待遇,包括生物学实验;

3) 故意使身体完整或健康遭受重大痛苦或严重伤害;

4) 无军事上的必要,非法和恣意地广泛破坏和侵占财产;

5) 强迫战俘或其他被保护人员在敌国部队中服役;

6) 故意剥夺战俘或其他被保护人员的合法及公允审判的权利;

7) 非法驱逐出境、迁移或者非法禁闭;

8) 劫持人质;

9) 无理地迟延遣返战俘或平民;

10) 基于侵犯个人尊严的歧视,实施的种族隔离做法和其他不人道和有辱人格的做法;以及

11) 强奸、性奴役、强迫卖淫、强迫怀孕、强迫绝育或严重程度相当的任何其他形式的性暴力。

在明知会导致以下结果的情况下,对工程或设施进行攻击的,处 40 年监禁至终身监禁,以及剥夺国籍和与监禁相同期间的剥夺全

部资格：

1）未直接参与敌对行动的平民的死亡或受伤；或者

2）对环境和民用财产的严重、广泛和长期的破坏，其程度与预期得到的具体和直接的整体军事利益相比显然是过分的。

第 145 条　使用人体盾牌

在国内或国际武装冲突期间，剥夺某人的自由，利用其作为防御武器或向对方提出要求的，处 30 年至 40 年监禁，以及剥夺国籍和与监禁相同期间的剥夺全部资格。

第 146 条　禁止的战争手段和方法

在国内或国际武装冲突期间，使用在国际法确立的框架内被禁止的战争手段或方法的，处 30 年监禁至终身监禁，以及剥夺国籍和与监禁相同期间的剥夺全部资格。

实施下列行为之一的，处相同的刑罚：

1）指令攻击未直接参与敌对行动的平民或者非军事目标的财产的；

2）以任何手段攻击或轰击非军事目标的不设防城镇、村庄、住所或建筑物的；

3）杀、伤已经放下武器或丧失自卫能力并已无条件投降的战斗人员的；

4）占领军将其部分平民人口间接或直接迁移到其占领的领土，或将被占领领土的全部或部分人口驱逐或迁移到被占领领土内或外的地方的；

5）宣告决不纳降的；

6）摧毁或没收敌方财产，除非是基于战争的必要；

7）剥夺任何受保护人员接受正规和公正审判的权利，或者宣布取消、停止敌方国民的权利和诉讼权或在法院不予受理的；

8）抢劫即使是突击攻下的城镇或地方的；

9）使用毒物或有毒武器、窒息性、有毒或类似气体以及任何类似的液体、物质或器件，在人体内易于膨胀或变扁的子弹（如外壳坚硬而不完全包裹弹芯或外壳经切穿的子弹）的；

10）违反武装冲突国际法，通过使用工程技术、基因操纵或任何其他方法，使用生物或灭绝人类武器，以及使用具有造成过分伤害或不必要痛苦的性质或具有滥杀滥伤效果的武器、射弹、装备和作战方法，但这些武器、射弹、装备和作战方法应当已被全面禁止的；以及

11）招募或征召不满18周岁的儿童加入国家武装部队，或利用他们积极参与敌对行动的。

第147条 攻击平民人口、受保护财产和设施

在国内或国际武装冲突期间和因为该冲突，以使平民人口挨饿作为战争方法，使平民无法取得其生存所必需的物品，包括阻碍根据日内瓦公约规定提供救济物品的，处20年至30年监禁，以及剥夺国籍和与监禁相同期间的剥夺全部资格。

对医院、伤病员聚集地、药品仓库或旨在向受保护人员提供援助的其他财产、救护车或其他医疗交通工具进行袭击的，处与前款相同的刑罚。

破坏或侵占作为历史、文化和宗教遗产的财产，以及教育、艺术、科学或慈善机构的财产，以及含有核能或任何其他的危险物质或力量的其释放会危及平民的完整性或生命的设施的，处15年至20年监禁，以及剥夺国籍和与监禁相同期间的剥夺全部资格。

第148条 模仿保护标志

在国内或国际武装冲突期间，模仿或不当使用国际保护标志，或国际组织或政府间组织的标志，敌方或联合国或中立国的旗帜、军事徽章、制服以及日内瓦公约规定的特殊标志、红十字标志、红新月标志或红水晶标志的，从而造成人员死亡或重伤的，处10年至15年监禁，以及与监禁相同期间的暂停公民权利和与监禁相同期间的剥夺全部资格。无论所产生的结果受到相应的刑罚如何，都应当判处这些刑罚。

第149条 实验

在国内或国际武装冲突期间或者因为该冲突，严重危及其权力

范围内的人员的生命、完整或健康，处 10 年至 15 年监禁，以及与监禁相同期间的暂停公民权利和与监禁相同期间的剥夺全部资格，但不影响对其他犯罪处以相应的刑罚。

如果在上述情况下实施了本法规定和处罚的与器官贩运有关的犯罪的，应当加重 1 倍处罚，但不影响对其他犯罪处以相应的刑罚。

第 150 条　攻击和阻挠人道主义援助

在国内或国际武装冲突期间，攻击根据《联合国宪章》参加维持和平或人道主义援助任务的人员、设施、物资、单位或车辆（如果这些人员和物体有权得到武装冲突国际法规给予平民和民用物体的保护），以及阻止或妨碍医疗、卫生和救援人员向平民执行医疗、卫生或人道主义任务的，处 30 年至 40 年监禁，以及剥夺国籍和与监禁相同期间的剥夺全部资格。

第 151 条　有权享受国际保护的人员

对本章而言，受保护人员是指平民、战俘、失去战斗力的伤病员或遭船难人员、宗教人员、医务人员、执行任务的记者或经认可的战地记者、在冲突期间已放下武器的战斗人员或者根据洪都拉斯国家签署和/或批准的国际条约和公约受国际法保护的任何其他人。

第四章　侵略罪

第 152 条　侵略罪

实施 1998 年 7 月 17 日在意大利罗马通过的《国际刑事法院罗马规约》中所指并且以联合国安理会制定的指导方针为基础的侵略罪的，处 25 年至 50 年监禁。

第五章　反人类罪、种族灭绝罪和战争罪的共同规定

第 153 条　长官和其他上级的责任（废止）[1]

---

[1]　被 2021 年 11 月 1 日第 93-2021 号法令废止。

第 154 条　出于严重过失实施行为的责任

因严重过失而实施本编第一章、第二章和第三章所规定的行为的，应当判处对所实施犯罪规定的监禁刑减轻 1/3 处罚。

第 155 条　预备行为的刑罚

共谋、提议或煽动实施前几章所规定的任何犯罪的，处 5 年至 10 年监禁和 2 倍于监禁期间的剥夺全部资格。

第 156 条　特别加重

如果公务员或公共雇员实施前几章规定的任何行为的，刑罚应当加重 1/3，并处以期间为 2 倍于监禁期间的剥夺全部资格。

第 157 条　禁止适用正当化事由

对实施前几章所规定的犯罪的人的应有服从，不应当适用行使权利、职权、职务或履行义务的行为之正当化事由。因为实施种族灭绝罪、反人类罪或战争罪的命令是明显非法的，所以不能被这些事由所涵括。

第六章　违反国际法

第 158 条　侵犯外交豁免权

侵犯外国国家元首或根据条约受国际保护的人员的人身豁免权的，处 1 年至 3 年监禁。

第 159 条　杀害或者伤害受国际保护人员

杀害身处洪都拉斯的外国国家元首或根据条约受国际保护的人员的，处终身监禁；如果造成伤害，处 10 年至 15 年监禁；如果实施任何其他犯罪的，处 5 年至 10 年监禁。在所有情况下，应当并处与监禁相同期间的剥夺公民权和与监禁相同期间的剥夺全部资格。

第七章　制造和拥有大规模杀伤性武器或手段

第 160 条　大规模杀伤性武器或手段

开发、制造、生产、拥有、提供、储存或夺取任何形式的化学、生物、核、放射性或类似破坏力的武器的，处 20 年至 30 年监禁。

第八章 海盗

第 161 条 海盗

为了自己或他人的利益或者其他个人目的，使用暴力、恐吓或欺骗手段，在公海、不受任何国家管辖的海域、专属经济区、毗连区或国际法公约、协定或文书所确定的其他海域扣押、破坏或毁灭航空器、船舶或其他类型的船只，或者在同一空间内侵害所载的人员、货物或财产的，构成海盗罪，处 15 年至 20 年监禁。

本条规定应当判处的刑罚，不影响对其他犯罪可能适用的刑罚。

第 162 条 抗拒或不服从捕获

在追诉前条规定的行为的场合或者因为该追诉，抵抗或不服从为洪都拉斯国服役或为此目的批准的带有明显的可识别标志的军舰、军用航空器其他船舶、航空器的，处 2 年至 4 年监禁。

如果上述行为使用了武力、暴力或恐吓的，处 10 年至 15 年监禁。

这些刑罚的判处，不影响对其他犯罪可能适用的刑罚。

第 163 条 夺取和改道船舶、飞机或空中公共交通工具

以对物强制、暴力、威胁或欺骗手段，夺取正处于飞行或活动状态的船舶、飞机或任何其他空中公共交通工具，或者改变其航向或行程，以及在剥夺其乘员自由的情况下对其实施控制的，处 20 年至 25 年监禁。

对本条而言，船舶或飞机从装载结束所有外门关闭时开始，直到打开以便卸载时为止，被视为处于活动状态。

第九章 违背人性罪

第 1 节 有关器官贩运的犯罪

第 164 条 非法贩运人体器官

以任何方式推动、鼓励或协助非法获取、贩运、移植活体的或

已故捐赠者的人体组织或器官，或者宣传此类行为的，处 5 年至 8 年监禁。

对下列人员处以相同的刑罚：

1) 受捐赠人在知道其非法来源的情况下接受该组织或器官；或者

2) 为了非法贩运或移植而拥有人体组织或器官的。

利用从事职业或行业实施上述任何行为的，除监禁外，还应处 6 年至 10 年剥夺特定职业、行业、商业或工业资格。

第 165 条　加重的非法贩运人体器官

如果有下列情形之一的，前条所处的刑罚应当加重 1/3：

1) 被害人未满 18 周岁或者是因年龄、处境、疾病或智力或身体发育不良而特别弱势的人的；

2) 被害人与犯罪人之间存在亲属关系，或者犯罪人是被害人的监护人、保佐人、事实上的监护人、同居人或者教育负责人的；

3) 该行为是滥用源自有利于犯罪实施的任何条件或状态的信任或优势而实施的；

4) 该行为是在有组织犯罪集团的框架内实施的；

5) 被害人的健康或生命受到严重危害的；以及

6) 作为实施犯罪交换的经济补偿或任何其他类型的报酬已被支付或接受的。

第 166 条　公务员或者公共雇员的责任

公务员或者公共雇员利用行使公共职权的便利，实施前两条规定的行为的，按照下列规定处罚：

1) 在第 164 条所指的情形下，处 6 年至 9 年监禁和 10 年至 15 年剥夺特定的公共职权或职务资格；以及

2) 如果具备第 165 条所规定的情形之一的，刑罚加重 1/3。

第 167 条　对预备行为的刑罚

共谋、提议或者煽动实施贩运器官罪的，处以减轻 1/3 的相应的刑罚。

第168条　与当局合作

如果犯罪人与当局合作以实现以下目的的，所处的刑罚最多可以减轻1/4：

1）阻止前述条文规定的任何行为的实施或者减轻其后果的；
2）提供或获得其他已实施犯罪的证据的；或者
3）查明、抓捕或起诉实施此类行为的责任人的。

第169条　法人的责任（废止）[1]

第170条　普遍管辖权和国际累犯

洪都拉斯国家应当对本节所规定的犯罪行使管辖权，无论责任人、被害人的国籍以及犯罪实施地如何。

外国法院对与本节规定的犯罪性质相同的犯罪的有罪判决能产生累犯的后果，除非该犯罪前科已经被撤销或根据洪都拉斯法律可以被撤销。

第2节　有关基因操纵的犯罪

第171条　基因操纵

出于治疗、消除或减少严重疾病以外的目的，以改变基因型的方式操纵人类基因的，处1年至2年监禁和100日至200日罚金。

如果前款规定的行为所产生的受精卵被植入女性体内以使其发育的，处2年至4年监禁和100日至500日罚金。

就本条而言，"治疗目的"应被理解为以治愈源于基因改变的疾病或者防止其传染给后代为目的。

任何辅助技术，如人工授精、体外受精和其他经同意进行的生殖技术，均不属于本犯罪定型。

第172条　加重的基因操纵

生产带有被操纵基因的生物体以将其用作武器的，处10年至20年监禁和200日至500日罚金。

---

[1]　被2021年11月1日第93-2021号法令废止。

储存或交易用作生物武器的上述生物体，以及利用基因工程技术制造生物武器的，处以相同的刑罚。

第173条 克隆

无性地获得人类受精卵的，处1年至2年监禁和100日至200日罚金。

以非人类基因谱系使人类卵子受精的，处1年至3年监禁和200日至300日罚金。

与人类受精卵基因谱系进行杂交生殖的，处1年至3年监禁和100日至300日罚金。

如果前述各款行为产生的受精卵发育超过15日或者被植入女性体内的，处3年至5年监禁和300日至500日罚金。

第174条 过失的刑罚

如果因严重过失实施本节规定的犯罪的，应当按既定刑罚减轻1/3处罚。

第175条 剥夺卫生专业人员的资格

如果本节规定的行为是由卫生专业人员、公务员或公共雇员实施的，除了相应的刑罚外，还应并处5年至10年剥夺特定的公共职权或职务资格和从事该职业的资格。

第176条 法人的责任（废止）[1]

第二编 危害公共安全罪

第一章 有关核能和电离辐射的犯罪

第177条 干扰具有高辐射风险的设施

违反根据国际标准批准的议定书，扰乱产生核能或产生电离辐

---

[1] 被2021年11月1日第93-2021号法令废止。

射的设施的正常运作，对人们的生命或健康造成严重危险的，处 5 年至 10 年监禁。

第 178 条　放射性污染

违反根据国际标准批准的议定书，在授权设施之外发出或允许发出电离辐射的，处 6 年至 12 年监禁和相当于监禁 2 倍期间的剥夺特定职业、行业、商业或工业资格。

判处前款规定的刑罚，不得影响与所造成的死亡、伤害或损失相应的刑罚。

第 179 条　夺取核材料或放射源

夺取放射源，或者虽然没有夺取但将其用于申报或批准以外的目的的，处 2 年至 4 年监禁和 400 日至 800 日罚金，在所获得的利益大于前述日数罚金数额的情况下，处不超过所得利益 3 倍的罚金。此外，应当处 4 年至 10 年剥夺特定的公共职权或职务资格或者剥夺特定职业、行业、商业或工业资格（在适当的情况下）。

尽管有前款的规定，鉴于行为不严重，且未对人的健康、空气、土壤或水资源的质量造成危险的，主管法院可将既定刑罚减轻 1/3。

未经适当授权或者违反按照规定施加的安全条件，储存或转移可能危害人体健康的放射源的，处 2 年至 4 年监禁和 2 年至 10 年剥夺特定职业、行业、商业或工业资格。

在未经适当授权或违反所获授权的情况下，经营、浓缩用于生产核能的矿物或将其交付工业加工的，处以相同的刑罚。

有下列情形之一的，应当按照前各款规定的刑罚加重 1/4 处罚，但不影响根据本法典的其他规定处以相应的刑罚：

1）在未产生放射性污染的情况下，该行为产生了危及大气、土壤或水资源质量的放射性排放风险；

2）正犯违反了保护核材料或放射源安全的特殊义务的；

3）使用了对物的强制的；以及

4）伪造与安全相关的信息或者向负责对活动或利用进行监督的行政当局隐瞒的。

如果有下列情形之一的，应当按照本条第 1 款和第 2 款规定的刑罚加重 1/3 处罚：

1）使用暴力或者恐吓的；

2）该行为是在有组织的犯罪集团内实施的；以及

3）核材料或放射源来自其他国家或者将用于国际非法交易的。

如果存在本条第 3 款和第 4 款规定的情形两种或者更多种的，主管法院应当按照规定刑罚加重 1/2 处罚。

第 180 条　隐瞒信息

普通人违反其义务，不向主管当局报告危及人体健康或空气、土壤、水资源的质量的与本法典第 177 条所指的设施的安全有关的严重事件的，处 2 年至 5 年监禁，以及 250 日至 800 日罚金和 7 年至 10 年剥夺特定职业、行业、商业或工业资格。

如果前款所指的事故产生放射性物质的，应当处以本法典第 178 条规定的刑罚。

在核设施建设、运行、维护过程中，隐匿或伪造与核设施安全有关的资料的，处 1 年至 3 年监禁，以及 400 日至 800 日罚金和 1 年至 5 年剥夺特定职业、行业、商业或工业资格，但不影响对其他犯罪处以相应的刑罚。如果该行为是针对除上述设施以外的含有放射源的设施的，处 400 日至 800 日罚金和 1 年至 5 年剥夺特定职业、行业、商业或工业资格，但不影响对其他犯罪处以相应的刑罚。

第 181 条　公务员或公共雇员的责任

公务员或公共雇员在明知其违法性的情况下，对本章规定的行为的实施予以授权、报告肯定意见或者容认的，处与正犯相同的刑罚，但加重 1/3 处罚，并处 2 倍于监禁期间的剥夺特定的公共职权或职务资格。

如果公务员或公共雇员参与本章前述各条规定的作为或不作为的，应当按照相应的刑罚加重 1/3 处罚，并处 2 倍于监禁期间（取决于它们参与犯罪的程度）的剥夺特定的公共职权或职务资格。

第 182 条　法人的责任（废止）[1]

第二章　放火和破坏

第 183 条　放火

引起了对人们的生命、身体完整性或健康构成风险的火灾的，处 10 年至 15 年监禁和 150 日至 300 日罚金。

第 184 条　加重的放火

如果行为的实施具有下列情形之一的，前条的刑罚加重 1/3：

1）有人居住或用来居住的地方；
2）公共场所或供公众使用的场所；
3）正在使用的公共或私人的船舶、航空器或其他集体运输工具；
4）工厂或商业、工业、农业设施或食品仓库；
5）爆炸性或易燃性物质的仓库；以及
6）油井、矿井或输油管道。

第 185 条　破坏

引起洪水、爆炸、崩塌、脱轨、海难或与之具有同样强大的其他破坏力量，从而危及人们的生命、身体完整性或健康的，处 10 年至 15 年监禁和 150 日至 300 日罚金。

此外，还应当根据本法典第二十编侵犯财产罪第九章的规定对实际造成的损毁进行处罚。

第 186 条　破坏防灾设施或使之无法使用

对用于共同抵御灾害的建筑物、构筑物或其他工程，以严重影响其功能的方式使之无法使用或者予以部分或全部损毁的，处 5 年至 8 年监禁和 100 日至 300 日罚金。

---

[1] 被 2021 年 11 月 1 日第 93-2021 号法令废止。

第 187 条　妨碍防护工作

对用于救援或抵御灾害的器械或工具，以对其有严重妨碍的方式予以盗窃、藏匿、使之无法使用或损毁的，处 2 年至 5 年监禁和 100 日至 300 日罚金。

严重妨碍针对灾害的抢救或防护工作的，处以相同的刑罚。

第 188 条　过失的放火或破坏

因为严重过失实施本法典第 183 条至第 185 条规定的任何行为的，处 4 年至 7 年监禁。

第三章　危害公共交通工具和公用服务罪

第 189 条　危害公共交通和基础设施

以严重危及人们的生命、身体完整性或健康的任何手段或方法，改变任何种类的公共交通、通信路线、向用户生产或分销水或能源的工厂、电信运行中的最低安全条件的，处 10 年至 15 年监禁和 200 日至 500 日罚金。

如果该行为导致前款所指的物质目标被毁坏或无法使用的，刑罚应当加重 1/4。

前款规定的刑罚的适用，不影响对其他犯罪的刑罚的适用。

第 190 条　过失危害公共交通和基础设施

如果因严重过失实施前条规定的犯罪的，应当按该条既定刑罚减轻 2/3 处罚。

第 191 条　对预备行为的刑罚

共谋、提议或者煽动实施本章规定的犯罪的，应当按照对既遂犯罪规定的刑罚减轻 2/3 处罚。

第三编 危害生命、身体完整性和健康罪

第一章 危害生命罪

第 192 条 杀人

杀人的，处 15 年至 20 年监禁。

第 193 条 谋杀

在背信弃义或残酷折磨的情形下杀人的，处 20 年至 25 年监禁。

如果存在赏金、酬劳或报酬许诺情形的，处 25 年至 30 年监禁。

第 194 条 杀亲

杀害其尊亲属、卑亲属、配偶或与其保持类似性质的稳定关系的人的，处 20 年至 25 年监禁。

本条所指的杀亲具有谋杀罪中所规定的任何情形的，前款规定的刑罚加重 1/3。

第 195 条 对预备行为的刑罚

共谋、提议或者煽动实施上述犯罪的，应当按照相应刑罚减轻 1/3 处罚。雇用杀手的要约或要求，应当处以相同的刑罚。

第 196 条 堕胎

堕胎，是指胎儿在怀孕期间的任何时候或者分娩期间死亡。故意堕胎的，应当按照下列规定处罚：

1）如果该妇女同意或者实施其堕胎的，处 3 年至 6 年监禁；

2）如果行为人在未经孕妇同意且未使用暴力或恐吓的情况下实施行为的，处 6 年至 8 年监禁；以及

3）如果行为人使用暴力、恐吓或者欺骗的，处 8 年至 10 年监禁。

卫生专业人员滥用职业，促成或帮助堕胎的，除前款所规定的刑罚外，还应处 500 日至 1000 日罚金。

在没有导致堕胎的目的但对被害人的怀孕状态有明知的情况下，以暴力行为导致堕胎的，处8年至10年监禁，但不影响对所实施的暴力行为处以相应的刑罚。

第197条　教唆和帮助自杀

教唆他人自杀的，处3年至6年监禁。

基于明确的请求而帮助他人自杀的，处与前款规定相同的刑罚。

如果前述任何情形下的自杀者无责任能力、未满18周岁或被使用欺骗手段的，应当以杀人罪处罚。

第198条　过失杀人

因为严重过失导致他人死亡的，处3年至7年监禁；如果是轻微过失的，处1年至3年监禁。

如果过失杀人是使用枪支或爆炸物、机动车或由于职业过失而实施的，还应当分别并处3年至6年的下列刑罚：

1）剥夺拥有和携带枪支的权利；
2）剥夺驾驶机动车的权利；或者
3）剥夺特定的职业或行业资格。

第二章　伤害罪

第199条　伤害

以任何手段或方法对他人造成损害其身体完整性、身心健康的伤害，如果除了初步的医疗救助外，伤害的治愈客观上还需要医疗治疗或手术治疗的，处1年至4年监禁。对伤害的简单观察或自愿随访过程，不视为医疗治疗。

然而，如果考虑到所使用的手段或产生的结果，前款所规定的行为情节较轻的，处6个月至1年监禁。

就本条而言，医疗治疗是指由医生指示的旨在克服或减轻伤害造成的损害的任何治疗措施；手术治疗是指通过医生实施的手术进行的治疗。

第 200 条　伤害的加重情形

如果有下列情形之一的，对前条第 1 款中规定的伤害，处 4 年至 6 年监禁：

1）背信弃义的；

2）残酷折磨的；

3）存在赏金、酬劳或报酬许诺的；

4）使用危害生命或健康的武器或工具的；

5）被害人因年龄、处境、疾病或智力或身体发育不良而特别弱势的；以及

6）性别原因。

第 201 条　严重伤害

以任何手段或方法，切断他人的主要肢体或器官或使之无法使用，或者导致他人阳痿、不育或严重的疾病或畸形的，处 8 年至 12 年监禁。

如果切断他人的非主要肢体或器官或使之无法使用，或者造成前款规定以外的其他疾病或畸形的，处 6 年至 8 年监禁。失去两颗或更多牙齿视为畸形的情形之一。

就本条而言，器官是指为执行功能的身体的每个部分以及与躯干有关节连接的人的每个四肢或其部分的构件。主要是执行的虽然不是生命必需但与个人的生命、健康或正常发育相关的功能的器官。

第 202 条　过失伤害

如果因严重过失实施前述条文规定的伤害犯罪的，应当按照下列规定处罚：

1）在第 201 条第 1 款所指的情形下，处 1 年至 4 年监禁；

2）在第 201 条第 2 款所指的情形下，处 1 年至 3 年监禁；以及

3）在第 199 条第 1 款所指的情形下，处 6 个月至 1 年居家监禁。

如果该行为是由于职业过失或者使用枪支或机动车实施的，并处 2 年至 6 年剥夺特定的职业、行业、职位资格或剥夺拥有和携带

枪支的权利或剥夺驾驶机动车的权利。

第 203 条 伤害胎儿

以任何手段或方法，对胎儿造成严重损害其正常发育的伤害或疾病的，处 1 年至 4 年监禁。

如果上述行为是因为严重过失而实施的，处 6 个月至 2 年监禁。怀孕的妇女不能根据本规定予以处罚。

如果这些行为是在从事职业或行业时实施的，还应当处以 3 年至 6 年剥夺特定的职业或行业资格。

第四编 违反公民救助义务的犯罪

第 204 条 不履行救助义务

在对本人或第三人不存在风险的情况下，不救助无助的且其生命、健康、身体完整性、自由或性自主明显受到严重危险的人的，处 6 个月至 1 年监禁和 100 日至 300 日罚金。

提供救助有困难，不紧急请求他人救助的，处以相同的刑罚。

如果被害人的意外事故是因为不救助人的过失而造成的，刑罚应当加重 2/3。

第 205 条 不救助特别弱势人员的义务

发现走失的或被遗弃的 14 周岁以下的未成年人或需要特殊保护的残疾人，不交给或通知其家人或当局，或者不在必要的情况下向其提供境况所要求的帮助的，除应当根据本法典的其他条款处以更重的刑罚外，处 6 个月至 1 年监禁和 100 日至 300 日罚金。

对无助的老年人或重病患者停止提供救助或者停止在适当情况下提供境况所要求的帮助的，处以相同的刑罚。

第 206 条 不提供医疗救助

有义务的专业人员拒绝医疗救助或放弃医疗服务，如果该拒绝或放弃对人们的健康造成重大风险的，处 6 个月至 1 年监禁和 6 个月至 3 年剥夺特定公共职权或职务资格。

第 207 条　不履行阻止犯罪或促进对其追诉的义务

能够以其即刻的干预如此而为的人，在对本人或第三人没有风险的情况下，不阻止侵犯人的生命、健康或身体完整性、自由或性自主的犯罪的，处 6 个月至 1 年监禁；但在与未阻止的犯罪相应的刑罚相同或更轻的情况下，应当减轻 1/3 处罚。

知悉犯罪正在或者临近实施人，在有能力的情况下不去求助当局或其代理人去阻止前款规定的犯罪的，处相同的刑罚。

第五编　针对女性的暴力

第 208 条　杀害女性

杀害女性罪，是指在基于性别的男女不平等的权利关系的框架内，男性杀害女性。

犯杀害女性罪的，处 20 年至 25 年监禁。

男性在基于性别的男女之间的权利不平等关系框架内杀害女性，具有下列情形之一的，构成加重的杀害女性罪，除本法典其他条款规定了更重的刑罚外，处 25 年至 30 年监禁：

1）存在谋杀罪中规定的任一情形的；

2）犯罪人是或曾经是被害人的配偶或与被害人保持或曾经保持与配偶类似性质稳定关系的人，或者是被害人或其配偶或同居人的尊亲属、卑亲属、兄弟姐妹的；

3）在杀害女性之前已经发生过侵犯被害人性自主的行为的；

4）本罪是由有组织犯罪集团实施或者在有组织犯罪集团的框架内实施的；

5）犯罪被害人是性工作者的；

6）被害人也是贩运人口、奴隶或奴役犯罪的被害人的；

7）被害人或其尸体受到与其女性身份有关的伤害或残缺的；以及

8）被害人的尸体被犯罪人在公共场所暴露或展示的。

对杀害女性罪的处刑，不影响对所实施的侵犯精神完整、行动自由、性自主、贩运人口和有辱人格形式的人类剥削或妇女尸体或者侵犯受本法典保护的任何财产权利的犯罪处以相应的刑罚。

如果为本罪的被害人提供保护的人被杀害的,适用杀害女性罪中规定的各项刑罚。

第 209 条 针对女性的暴力

在基于性别的男女不平等权利关系的框架内,对女性实施身体或心理暴力的,处 1 年至 4 年监禁,以及 100 日至 300 日罚金或者相同期间的向公用事业或被害人提供服务。

如果虐待是在下列情形之一中实施的,刑罚加重 1/3:

1) 针对因年龄或是需要特殊保护的残疾人而特别脆弱的被害人实施的;

2) 在未成年人在场的情况下;

3) 使用危险武器或工具;

4) 在被害人家中;以及

5) 不遵守基于反性别暴力立法所适用的保护机制。

具有两种或者更多的上述情形的,刑罚应当加重 2/3。

本条规定的适用,不得影响本法典中处罚更重的其他规定的适用。

第 210 条 共同规定

就本编而言并考虑到行为的情节,如果死亡或暴力作为因女性身份而成为对妇女的歧视的表现的,无论侵害人和被害人之间是否存在事前的关系,也无论它发生在公共还是私人环境中,视为存在男女之间基于性别的权利不平等原因。

在本章规定的犯罪中,主管法院应当在其判决中决定科处本法典第 51 条规定的一项或多项禁止令。如果是重罪,其期间不超过 10 年;如果是轻罪,则为 5 年。

第六编 有关权利行使的歧视

第 211 条 因歧视而拒绝提供公共服务

负责公共服务的公务员、公共雇员或普通人，因意识形态、宗教或信仰、语言、属于某一族裔或种族、民族出身、土著或非洲人后裔、性别、性取向或性别认同、性别原因、婚姻状况、家庭或经济状况、年龄、疾病或残疾，而拒绝承认个人、团体、协会、公司或其成员有资格享有的权利的，处 1 年至 3 年监禁，以及 100 日至 200 日罚金和 1 年至 3 年剥夺特定公共职权或职务。

第 212 条 因为歧视在职业或商业活动中拒绝提供服务

在从事其职业、商业或企业活动时，出于前条所述的任何原因，拒绝承认个人、团体、居住地、协会或公司或其成员有资格享有的权利的，处 1 年至 3 年剥夺特定职业、行业、工业或商业资格。

第 213 条 煽动歧视

实施下列行为的，处 1 年至 2 年监禁和 100 日至 500 日罚金：

1）出于本编前述各条中提到的任何原因，直接、公开或通过面向公众的通信或传播手段，煽动对某个团体、协会、公司或其一部分或因其成员身份而针对特定个人的歧视或任何形式的暴力的；以及

2）出于前述各条中提到的任何原因，针对前项所指的任何群体或其一部分或者因为属于这些群体而针对个人，通过包含羞辱、蔑视或诋毁的行为或言论（包括图形）损害人的尊严的。

如果公务员或公共雇员在履行职责时实施前款各项规定的行为的，监禁刑应当加重 1/3，此外还应处以 1 年至 3 年剥夺特定的公共职权或职务资格。

第七编 破坏尊严和名誉罪

第一章 侵犯精神完整罪

第1节 酷刑、不人道、残忍或有辱人格的待遇

第214条 有辱人格的待遇

通过身体、心理或言语暴力,以严重威胁他人精神完整的方式导致其遭受有辱人格的待遇的,处1年至2年监禁和2倍于监禁期间的禁止居住。

如果被害人是因疾病、年龄、残疾原因的弱势人员或者是孕妇的,刑罚加重1/3。

第215条 威胁获取口供

当局、公务员或公共雇员的代理人,以对他、他的家人或与他有密切关系的其他人造成恶害威胁某人,以获取他供认参与某种犯罪行为或将其归咎于他人的,处3年至6年监禁和2倍于监禁期间的剥夺全部资格。

第216条 酷刑

酷刑,是指为了向某人取得供状或情报,为了他所实施或被怀疑实施的行为对他加以处罚,或为了恐吓或威胁他或第三者,或为了基于任何一种歧视的任何理由,或为了任何其他目的,使其遭受由于恐吓或强制性质、屈辱的状态或者使其感知、辨别或决定能力丧失或削弱的条件或程序,导致其痛苦。单纯因法律制裁而引起或法律制裁所固有或随附的疼痛或痛苦,不应视为酷刑。

犯酷刑罪的,处6年至10年监禁和15年至20年剥夺全部资格。

监狱机构或少年犯保护或收容中心的公务员或公共雇员,对被收容人、被羁押人或被判刑人实施本条第1款规定的行为的,处以相同的刑罚。

公务员或公共雇员不履行职责义务而允许他人实施第 1 款所规定的行为的,处第 2 款所规定的刑罚。

如果被害人是未满 18 周岁的人、孕妇、老年人或残疾人的,监禁加重 1/3。

第 217 条　公务员实施的残忍、不人道或有辱人格的待遇

残忍、不人道或有辱人格的待遇,是指公务员或公共雇员在履行职务时,以由于所造成的损害的严重程度和范围较轻因而不构成酷刑的行为,对他人的精神完整造成损害。单纯因法律制裁而引起或法律制裁所固有或随附的疼痛或痛苦,不应视为残忍、不人道或有辱人格的待遇。

犯残忍、不人道或有辱人格的待遇罪的,处 3 年至 6 年监禁和 10 年至 15 年剥夺全部资格。

公务员或公共雇员不履行职责义务而允许他人实施第 1 款所规定的行为的,处前款规定的刑罚。

第 218 条　竞合

前述各条规定的刑罚的判处,不影响对针对被害人或第三人所实施的侵害生命、身体完整、健康、行动自由、性自主或财产的犯罪(视情况而定)处以相应的刑罚。

第 2 节　贩运人口和有辱人格的人类剥削形式

第 219 条　贩运人口[1]

出于被利用或强迫进行下列任何类型的剥削的目的,协助、促进或执行对在国家领域内或境外人员的招募、运输、转移、窝藏或接收的,处 10 年至 15 年监禁:

1) 在奴隶、奴役、强迫服务或劳动(包括乞讨和从事犯罪活动的义务以及任何其他同等或类似的做法)条件下的剥削;

2) 强迫或商业的性剥削;

3) 进行奴役或强迫的婚姻或事实婚姻;

---

[1] 被 2021 年 11 月 1 日第 93-2021 号法令修正。

4）造成强迫怀孕的；

5）摘除其身体器官、组织或其衍生部分；

6）药品、药物、物质或临床技术的应用实验；以及

7）《打击人口贩运法》中规定的任何其他目的。

如果有下列情形之一的，刑罚加重1/3：

1）使用暴力、恐吓、欺骗或者滥用优势地位或被害人的困境的；

2）通过交付或接受付款或利益来取得对被害人有控制权的人的同意的；或者

3）被害人未满18周岁的。

如果使用本条第1款所指的任何手段的，被害人的同意没有意义。

如果出于规定的任何剥削目的而对不满18周岁的未成年人实施所规定的任何行为的，即使没有使用第1款中所指的任何手段，也视为贩运人口。

第220条 具体的加重情节

如果有下列情形之一的，刑罚加重1/3：

1）危及被害人的生命、身心完整或健康的；

2）被害人由于年龄、疾病、残疾而特别脆弱或者是孕妇的；或者

3）犯罪人属于有组织的犯罪集团的。

公务员或公共雇员利用其身份实施行为的，除了相应的监禁刑外，还应当处以期间2倍于监禁的剥夺全部资格。

第221条 奴隶或奴役条件下的剥削

对他人行使处置权或控制权的人，强加或维持他人的持续服从状态，迫使其在国家领域内或境外从事行为、工作或提供服务的，处6年至9年监禁和150日至300日罚金。

就本条而言，如果服从状态是通过暴力、恐吓、欺骗或者滥用优势地位或被害人的危难而达到的，就被视为奴隶或奴役条件。

如果被害人不满18周岁的，监禁刑应当加重1/3至1/2。

第 222 条　乞讨剥削

利用 18 周岁以下的未成年人、老年人或需要特殊保护的残疾人进行乞讨的，处 1 个月至 2 年居家监禁或者 200 小时至 400 小时向公用事业或被害人提供服务。

如果使用了暴力或恐吓或者向被害人提供了对健康有害的物质或其他能够削弱其意志的物质的，处 2 年至 3 年监禁，但不影响规定了更重的刑罚的本法典其他条款的适用。

第 223 条　未经同意的人工授精和其他辅助生殖技术

在未经妇女同意的情况下，对其进行人工授精的，处 4 年至 6 年监禁和 100 日至 500 日罚金。

在未经妇女同意的情况下，移植受精卵或者使用人工受精技术从她体内提取卵子的，处以相同的刑罚。

在未获合法授权的情况下，对妇女体内植入的防止受孕的装置使之无法发挥作用或予以摘除的，处 2 年至 4 年监禁。

如果被害人不满 18 周岁的，刑罚加重 1/2。

如果该行为是由与卫生科学相关的人员实施的，还应当处以 5 年至 10 年剥夺特定职业资格。

第 224 条　未经同意的实验

在未获得他人明示同意的情况下，以任何手段或方法对他人进行药品、药物、物质或技术应用实验的，处 4 年至 6 年监禁，并处 100 日至 200 日罚金和 5 年至 10 年剥夺特定职业、行业、商业或工业资格。

就前款而言，以支付报酬为交换条件取得的同意也视为不构成同意。

如果被害人是不满 18 周岁的人、孕妇或需要特殊保护的残疾人的，所规定的监禁和罚金应当加重 1/3。

第 225 条　法人的责任（废止）[1]

---

[1]　被 2021 年 11 月 1 日第 93-2021 号法令废止。

第 226 条　竞合

前述各条规定的刑罚的判处,不影响对所实施的其他犯罪(视情况而定)处以相应的刑罚。

第 227 条　国际累犯

外国法院对与本节规定的犯罪性质相同的犯罪的有罪判决能产生累犯的后果,除非该犯罪前科已经被撤销或根据洪都拉斯法律可以被撤销。

第二章　遗弃未成年人、残疾人、老人或病人

第 228 条　遗弃未成年人、残疾人、老人或病人

遗弃受其监护和照顾的 18 周岁以下的人、残疾人、老年人或病人的,处 4 年至 6 年监禁,并处 6 个月至 1 年向公用事业或被害人提供服务或者 300 日至 600 日罚金。

如果遗弃是由父母、监护人或者法定保护人实施的,刑罚加重 1/3。

如果因遗弃而导致被遗弃人死亡、被遗弃人的生命受到严重威胁、或造成严重的伤害或疾病的,除行为构成更严重的犯罪外,处 10 年至 15 年监禁。

对本条第 1 款而言,如果正犯是公务员或公共雇员、卫生专业人员或他们履行职责过程中的辅助人员的,处 6 年至 9 年监禁和 2 倍于监禁期间的剥夺特定资格。

第三章　损害名誉罪

第 1 节　犯罪性的形象塑造

第 229 条　侮辱

侮辱是损害他人尊严、侵害他人名誉的行为或言论。只有根据侮辱的性质、后果或情节,在公共领域被认为是严重的侮辱才构成犯罪。

由事实归咎组成的侮辱不认为是严重的，除非该侮辱是在明知其虚假性或草率地忽视真相的情况下实施的。

以公开方式实施侮辱的，处 200 日至 500 日罚金；以非公开方式实施的，处 100 日至 200 日罚金。

第 230 条　诽谤

在明知其虚假性或草率地忽视真相的情况下，虚假地将犯罪归责于他人的，属于诽谤。

以公开方式实施诽谤的，处 6 个月至 1 年监禁和 500 日至 1000 日罚金；以非公开方式实施的，处 200 日至 500 日罚金。

第 231 条　对监督机构的侮辱和诽谤

侮辱或者诽谤接受国家银行保险委员会监督检查的机构或者其官员，由于上述行为，该机构的声誉、财务信誉受到损害，或者由于该诽谤或侮辱产生的客户、用户、存款人或投资者的信任受损导致该机构的存款或投资遭受大于或高于其正常或普通流量的大规模提取的，前条规定的刑罚加重 1/2。

间接的侮辱和诽谤。出版、复制、重复他人指控的侮辱或诽谤，或者以非特指某人的方式或用据说、确信或其他类似的表达方式进行指控的，应当处以第 229 条和第 230 条规定的刑罚。

第 2 节　共同规定

第 232 条　公开的概念

如果侮辱和诽谤通过印刷品、电视、广播、互联网、信息网络、在人群面前或通过其他具有类似效果的方式实施的，视为公开实施。

刑罚量定的特别情节。通过互联网公共发布网站、社交网络实施本章规定行为的，相应的刑罚加重 1/6 至 1/2。

修复性公开。对公开方式实施的损害名誉罪的有罪判决，如果被害人提出要求，应当命令在实施侮辱或诽谤的同一媒体上、在与实施行为相同或类似范围内、在规定的期间内公布主管法院确定范围的判决概要，费用由被判刑人承担。

该规定也适用于撤回的情形。

第 233 条　民事责任

在侮辱或诽谤以公开方式实施的情况下，拥有该侮辱或诽谤通过其传播的信息媒介的自然人或法人应当承担补充民事责任。

第 234 条　起诉和宽恕

要起诉侮辱或诽谤，以被害人提出控告为必要。

未经其可能对之提出诉讼的主管法院的事先授权，任何人都不能在法庭上提起侮辱或诽谤诉讼。

被害人或其法定代理人根据本法典第 108 条的规定的条件作出的宽恕，导致刑事追诉的消灭。

第八编　侵犯自由罪

第一章　侵犯行动自由罪

第 235 条　非法剥夺自由

在没有合法理由的情况下，剥夺某人的行动自由的，处 5 年至 7 年监禁和 2 倍于监禁期间的禁止居住。

第 236 条　加重的非法剥夺自由

如果前款规定的行为具有下列情形之一的，处 7 年至 9 年监禁和 10 年至 15 年剥夺全部资格。

1）被剥夺自由的人是特别弱势的未满 18 周岁的人、孕妇、老年人或患有无法自理的疾病的人的；

2）被剥夺自由的人是正在履行职责的公务员或公共雇员的；

3）剥夺自由超过 72 小时的；

4）冒充当局或者公务员实施犯罪的；以及

5）被害人被施用毒品或任何能够剥夺或削弱其意志的物质的。

第 237 条　减轻的非法剥夺自由

如果主体放弃其目的，并在剥夺自由 24 小时以内释放被害人且没有损害其健康或身体完整的，处 3 年至 5 年监禁。

第 238 条　由公务员或公共雇员实施的非法剥夺自由

如果非法剥夺自由完全是任意的并且是由本国或外国的公务员或公共雇员在履行职责时实施的，前述各条规定的刑罚加重 1/3。还应并处 10 年至 15 年剥夺全部资格。

监狱机构、羁押机构或收容机构（包括精神病院、移民中心或针少年犯收容中心）的负责人，在没有主管当局命令或不遵守法律要求的情况下剥夺某人的自由的，处以相同的刑罚。

第 239 条　绑架

剥夺了另一个人的自由，要求满足某种条件才能释放他的，处 8 年至 12 年监禁和 2 倍于监禁期间的禁止居住。

第 240 条　加重的绑架

如果前条规定的行为具备下列情形之一的，处 12 年至 15 年监禁和 2 倍于监禁期间的禁止居住：

1）正犯已经实现条件的满足的；

2）以要求国家公共权力机构或外国政府采取某种合法或非法的措施、让步或决定为条件的；

3）剥夺自由超过 72 小时的；

4）被绑架的人是特别弱势的未满 18 周岁的人、孕妇、老年人或患有无法自理的疾病的人的；

5）被绑架人是公务员或者公共雇员，并且绑架是因为与履行其职务有关的行为而实施的；

6）被绑架人是被派驻洪都拉斯或通过本国领域过境的外交官或领事或国际组织的成员，以及陪伴他们的配偶或同居人、尊亲属、卑亲属或血亲或姻亲亲属的；

7）本罪是在有组织犯罪集团的框架内实施的；

8）本罪是冒充当局或者公务员实施的；或者

9）被害人被施用毒品或任何能够剥夺或削弱其意志的物质的。

如果具备两个或者更多上述情节的，处 15 年至 20 年监禁。

如果故意或过失地造成人质死亡的，处终身监禁。

第241条　减轻的绑架

如果在剥夺自由后不超过72小时的期间内，行为人自愿或通过谈判释放了被害人，被害人的身体健康和完整没有遭受损害并且未实现其所提出的条件的，处5年至7年监禁和2倍于监禁期间的禁止居住。

第242条　由本国或外国公务员或公共雇员实施的绑架

如果绑架是由本国或外国的公务员或公共雇员滥用职权实施的，前述各条规定的刑罚加重1/3，并处15年至20年剥夺全部资格。

第243条　对预备行为的刑罚

共谋、提议或者煽动实施绑架罪的，应当按照各种情形中规定的监禁刑减轻1/3处罚。

如果行为是由公务员或公共雇员实施的，并处2倍于监禁期间的剥夺全部资格。

第244条　竞合

本章各条规定的刑罚的判处，不影响对针对被害人或第三人所实施的侵害生命、身体完整、健康、行动自由、性自主或财产的犯罪（视情况而定）处以相应的刑罚。

第二章　侵犯决定自由罪

第245条　强迫

在未获得合法授权的情况下，以暴力、恐吓或对物的强制，阻止他人做法律未禁止的事情或者强迫他人做其不想做的事情的，无论是否公平，处1年至3年监禁或者180日至360日向公益事业或被害人提供服务。

如果强迫阻碍他人行使基本权利的，除非该行为根据本法典的其他条款中受到更重的刑罚，并处100日至300日罚金。

第 246 条　胁迫

威胁他人对其本人、其亲属或者其他有密切关系的人的人身、名誉、隐私或者财产造成损害的，处以下列刑罚：

1）如果威胁没有附带条件的，处 1 年至 3 年监禁或者 180 日至 360 日向公用事业或被害人提供服务；以及

2）如果威胁附带条件的，处 2 年至 4 年监禁或者 180 日至 360 日向公用事业或被害人提供服务。

如果威胁是以书面形式或通过计算机、视听或远程信息处理手段实施的，所规定的刑罚加重 1/3。其责任将根据本法典第一卷第二编第五章的规定确定。

第 247 条　敲诈勒索

以泄露、传播或归咎可能影响其名誉、信用或威望的有关其私生活的事实相威胁，索要金钱、物品、酬劳或要求实施或不实施某种行为的，处 1 年至 3 年监禁和 2 倍于监禁期间的禁止居住。

如果该行为是由公务员或公共雇员利用其职权实施的，应当并处 1 年至 5 年剥夺特别公共职权或职务资格。

第 248 条　强迫流离失所[1]

以暴力或恐吓手段，强迫或试图强迫他人或其家人改变或放弃其居住、商业或工作活动、教育机构的地点或他们在其上拥有财产权的任何地点的，处 6 年至 9 年监禁。

如果前述行为导致人员死亡的，处终身监禁。本条第 1 款规定的刑罚的判处，不影响对其所犯的其他犯罪处以相应的刑罚。

有下列情形之一的，本条第 1 款规定的刑罚加重 1/3：

1）如果行为是在犯罪团体的范围内或为其利益而实施的；

2）如果正犯具有当局、公务员或公共雇员身份的；

3）如果损害的是残疾人、未成年人或老年人的；

4）如果被害人受到残忍、不人道或有辱人格的待遇的；或者

---

[1]　被 2021 年 11 月 1 日第 93-2021 号法令修正。

5）如果造成不动产被毁坏或强夺的。

第九编 侵犯性的自主和完整罪

第一章 强奸、猥亵、乱伦、骗奸和性骚扰

第 249 条 强奸

通过阴道、肛门或口腔途径与任何性别的人的未经同意的肉体进入，以及通过前两种途径中的任何一种途径的身体器官或物体的插入，构成强奸罪。

如果是在下列任何情形下实施的，无论如何都应当视为不同意：

1）使用暴力或者恐吓的；

2）被害人未满 14 周岁的，即使被害人同意也不例外；或者

3）滥用被害人的精神错乱或因任何原因而导致的意志丧失（包括利用受害人绝对无防御能力的情况）的。

对强奸罪的正犯，处 9 年至 13 年监禁，并处 2 倍于监禁期间的禁止居住和接近被害人。

如果发生第 2 款第 1 项情形并且被害人不满 14 周岁的，前述刑罚应当加重 1/3。

第 250 条 猥亵

在前条的任何情形下，实施前条规定以外的侵犯性自主的行为的，构成猥亵罪。

对本罪的正犯，处 5 年至 8 年监禁和 2 倍于监禁期间的禁止居住和接近被害人。

如果发生前条第 2 款第 1 项情形并且被害人不满 14 周岁的，上述刑罚加重 1/3。

第 251 条 被害人的同意

在被害人的同意因为年龄已满 12 周岁而未满 14 周岁而无效的情况下，如果正犯未满 21 周岁并且根据发育程度、成熟程度和社会

环境是与被害人关系密切的人的，前两条规定的刑罚为 6 年至 9 年监禁。

第 252 条　乱伦

与已满 14 周岁不满 18 周岁的卑亲属、兄弟姐妹、侄子女或外甥子女发生性关系的，以乱伦罪的正犯论处，除根据本法典的其他规定应当处以更重的刑罚外，处 4 年至 6 年监禁。

第 253 条　通过电子手段与未成年人进行性接触

通过通信和信息技术，向不满 14 周岁的未成年人提议安排一次实际会面以进行性活动，如果该提议附随有旨在进行该会面的具体行为的，处 1 年至 3 年居家监禁。

如果通过强制或恐吓获得接触的，处 2 年至 4 年监禁。

如果与不满 14 周岁的人的接触只是试图获取有该未成年人出现的有性内容的图像或视频的，本条第 1 款规定的刑罚减轻 1/4。

第 254 条　骗奸

使用欺骗手段，与已满 14 周岁但未满 18 周岁的人进行有性内容的行为的，处 6 个月至 1 年监禁。如果性行为是以任何方式进行肉体进入的，处 1 年至 3 年监禁，并处 2 个月至 4 个月向公用事业或被害人提供服务或者 300 日至 600 日罚金。

利用出于任何原因产生的并对被害人的自由有重要影响的明显优势关系，与被害人实施有性内容的行为的，处 1 年至 3 年监禁和 100 日至 300 日罚金。如果性行为是以任何方式进行肉体进入的，处 4 年至 7 年监禁和 300 日至 500 日罚金。

实施侵犯被害人的性自主或完整的非自愿的有性内容的行为，不存在第 249 条第 1 款或本条第 1 款、第 2 款所指的情形的，处 6 个月至 1 年向公用事业或被害人提供服务或者 100 日至 300 日罚金。

第 255 条　特别的加重情节

如果有下列情形之一的，前述各条规定的刑罚最多可以加重 1/3：

1）正犯使用了武器或对被害人的生命或健康构成危险的其他

工具的，但不影响对其他犯罪可能适用的刑罚；

2）正犯因严重过失危及被害人的生命或者严重危及其健康的；

3）被害人由于年龄、境况、疾病、智力或身体发育不良而特别脆弱，以及在任何情况下的被害人不满6周岁的；

4）所实施的行为伴随有特别侮辱或折磨被害人的行为，或者是在性别暴力的背景下实施的；以及

5）行为是通过两人或更多人的共同行为实施的。

第 256 条　性骚扰

在组织背景中或在劳动的、教学的、服务提供的、体育的或宗教的关系的领域内，持续或习惯性地反复为自己或第三人寻求性方面的好处，并且这种行为在相应的关系领域内对被害人客观上导致严重的恐吓、敌意或羞辱的境况的，处1年至2年监禁。

如果犯罪人利用出于任何原因的优势关系，或者被害人因年龄、处境、疾病或智力或身体发育不良而特别弱势的，处2年至3年监禁。

第二章　有关性剥削和儿童淫秽物品的犯罪

第 257 条　性剥削

性剥削，是指为了赏金、酬劳或报酬许诺，利用一人或多人从事卖淫、淫秽物品、性表演或任何其他出于性目的的活动。

对相应行为负责的人判处本章规定的刑罚，不影响对作为对被害人进行性剥削的结果而最终实施的侵犯性的自主和完整的犯罪的可判处的刑罚的适用。

第 258 条　对成年人的强制性剥削

通过使用暴力、恐吓、欺骗、优势地位、滥用其精神错乱或实现被害人意志丧失的任何方式，促进、支持对已满18周岁的人进行的强迫性剥削或者为之提供便利的，处5年至8年监禁和100日至500日罚金。

第 259 条　对未成年人或残疾人的性剥削

以任何方式促进、支持对未满 18 周岁的人或需要特殊保护的残疾人的性剥削或为之提供便利，或者在明知此类情形的情况下直接或间接从此类剥削中获利的，处 6 年至 8 年监禁和 100 日至 1000 日罚金。

如果对未成年人或残疾人的性剥削是强制的或者通过使用暴力、恐吓、欺骗、先发制人或使被害人丧失意志的任何手段实现的，处 8 年至 12 年监禁和 1000 日至 2000 日罚金。

如果被害人未满 14 周岁，在任何情况下性剥削均被视为是被强制的。

第 260 条　特别的加重情节

如果有下列情形之一的，前两条规定的刑罚应当加重 1/3：

1）被害人的生命或健康受到威胁，但不影响对所造成的伤害或死亡处以相应的刑罚；

2）被害人由于年龄、境况、疾病、智力或身体发育不良而特别脆弱，以及在任何情况下的被害人不满 6 周岁的；

3）行为伴随对被害人的特别侮辱或折磨的；或者

4）本罪是在有组织犯罪集团的框架内实施的。

如果存在本条规定的两种或更多种情形的，刑罚最多可加重 2/3。

第 261 条　制作和利用儿童淫秽物品

制作、出售、分销或传播在制作过程中使用了不满 18 周岁的未成年人或需要保护的残疾人的淫秽物品的，处 4 年至 6 年监禁和 100 日至 500 日罚金，但不影响对为制作淫秽物品所实施的犯罪行为可能判处的刑罚。

持有所指的淫秽物品的，应当予以下列处罚：

1）如果是为了出售、分发或传播而持有淫秽物品的，处相同的刑罚；以及

2）如果是为了自用而持有的，刑罚减轻 2/3。

如果有下列情形之一的，前款规定的刑罚加重 1/3：

1) 被害人由于年龄、境况、疾病、智力或身体发育不良而特别脆弱，以及在任何情况下被害人不满 6 周岁的；

2) 淫秽物品展示了对被害人的特别的侮辱或折磨的图像的；或者

3) 该行为是在有组织犯罪集团的框架内实施的。

第 262 条　儿童淫秽物品的概念

就本章规定而言，儿童淫秽物品是指以性刺激为目的的，包含由未满 18 周岁的未成年人与其他人（成年人或未成年人）或与自己进行的任何类型的性行为或对性进行露骨表现的行为以及再现他们性器官或总会出现在性场景中的身体其他部位的任何视听资料。

对被视为儿童淫秽物品的视听资料而言，不论儿童是否实际参与了相关的淫秽活动，但儿童的图像或声音应当至少部分是真实的。

就本定义而言，需要特殊保护的残疾人应当等同于不满 18 周岁的人。

第 263 条　法人的责任（废止）[1]

第三章　裸露和性挑逗罪

第 264 条　性暴露

当不满 18 周岁的未成年人或需要特殊保护的残疾人的面实施或者让他人实施可能严重影响他们性意识的正常发育的性暴露癖行为的，处 1 年至 2 年监禁；对不满 14 周岁的未成年人实施的，处 2 年至 3 年监禁。

能够且应当对之予以避免的人，不阻止不满 18 周岁的未成年人或需要特殊保护的残疾人进入或停留于实施性暴露行为的场所或机构的，在相应情形下处以相同的刑罚。

---

[1] 被 2021 年 11 月 1 日第 93-2021 号法令废止。

第 265 条 性挑逗

以任何直接方式向不满 18 周岁的未成年人或需要特殊保护的残疾人出售、传播或展示可能严重影响其性意识的正常发育的淫秽物品的，处 6 个月至 2 年向公用事业或被害人提供服务和 200 日至 500 日罚金。

第四章 共同规定

第 266 条 错误

在前三章中规定的犯罪中，如果是出于对被害人的年龄、血亲关系等级、个人能力或境况的可以避免的错误而实施行为的，对应负责任的人的刑罚应当减轻 1/2。

第 267 条 剥夺权利、保安处分和特别民事判决

对构成本编所列犯罪的人，除了各种情形下相应的主刑外，还应当处以下列刑罚：

1）对利用其专业、行业、商业或工业实施这些行为的责任人，处 2 倍于其主刑期间的剥夺特定的职业或行业、工业或商业资格。在剥夺亲权、监护、保护或保佐资格的情况下，可以是永久剥夺。如果正犯或共犯是公务员或公共雇员的，还应当处 2 倍于其主刑期间的剥夺全部资格；

2）在监禁刑之后执行的自由管制措施，其期间为：

a）如果被判处的监禁刑超过 5 年的，最高可达 10 年；以及

b）在其他情形下，最高可达 5 年；

3）期间 2 倍于主刑期间的禁止居住和禁止接近被害人；

4）无论对产生于犯罪的民事责任应当如何宣判，就亲子关系和生活费的确定作出民事判决。在母亲反对的情况下，不应当对因非法性关系而受孕的情况予以认定；以及

5）执行法院应当在所保存的性犯罪人登记册中输入被判构成本编所列任何犯罪的人的资料。

第 268 条　追诉

本编所规定的犯罪应当基于被害人或其法定代表人的控告进行追诉，但依职权追诉的强奸、猥亵、乱伦和与性剥削有关的犯罪除外。如果被害人是未成年人或者需要特殊保护或无助的残疾人的，在任何情况下都是公诉并且由检察官办公室追诉。被害人或其法定代表人的宽恕不能消灭此类性质的刑事追诉或责任。

第 269 条　国际累犯

外国法院对与本编规定的危害未成年人或残疾人的犯罪的有罪判决能产生累犯的后果，除非该犯罪前科已经被撤销或根据洪都拉斯法律可以被撤销。

第十编　侵犯住宅的不可侵犯性和隐私罪

第一章　侵犯住宅的不可侵犯性罪

第 270 条　非法侵入住宅

普通人违背居住人的意志，进入他人住宅或者尽管已被要求离开仍停留其中的，处 6 个月至 2 年监禁。

违背所有人的意志，在开放时间以外进入或停留在法人的住所、工作人员办公室、为公众服务的办事处或机构实施前款行为的，按照前款规定的刑罚减轻 1/3 处罚。

如果前述各款规定的行为是使用暴力、恐吓或者冒充当局或冒充公共职权方式进行的，处 2 年至 4 年监禁。

第 271 条　公务员或公共雇员非法侵入住宅

公务员或公共雇员在没有法律规定的正式手续的情况下或者在法律确定的情形之外实施前条规定的任何行为的，处 3 年至 5 年监禁和 2 倍于监禁期间的剥夺特定资格。

第二章 侵犯和泄露秘密罪

第 272 条 获悉和披露秘密

在未经他人同意的情况下，为了知悉他人秘密或者侵犯他人隐私，实施下列行为之一的，处 1 年至 3 年监禁和 360 日至 720 日罚金：

1）以任何方式访问他人的文书、文件、数据、任何介质上的信息或个人物品的；

2）拦截他人的通信的；或者

3）使用技术设备来收听、传输、记录或复制声音、图像或图像序列的。

在损害第三人利益的情况下，未经授权地访问、扣押、更改或使用包含在文件、载体、计算机登记表、电子、远程信息处理或任何其他类型的公共或私人的档案、登记簿中的个人数据的，处 2 年至 3 年监禁和 360 日至 720 日罚金。

向第三人传播、泄露或转让以前述各款规定的方式获得的秘密或图像的，处 2 年至 4 年监禁和 360 日至 1000 日罚金。

未参与其获悉但明知其非法来源的人，实施前款规定的行为的，处 6 个月至 1 年监禁和 100 日至 500 日罚金。

在未经授权的情况下，传播经他人同意而获得的私密图片的，处 1 年至 3 年监禁和 90 日至 1000 日罚金。

第 273 条 公务员或公共雇员的责任

超出法律允许的情况利用职务（未构成犯罪）的公务员或公共雇员，实施前条规定的行为之一的，对这些犯罪所规定的刑罚加重 2/3。

第 274 条 泄露职业秘密

泄露因其职业或雇佣关系而知悉的他人秘密的，处 6 个月至 1 年监禁和 100 日至 500 日罚金。

专业人员违反保守秘密义务泄露他人秘密的，处 1 年至 3 年监禁和360日至600日罚金。

第275条 法人的责任（废止）[1]

第276条 特别的加重情节

如果具备下列情形之一的，前述各条规定的刑罚加重1/3：

1）该行为是由文件、计算机介质、档案或登记簿的管理人或负责人实施的；

2）受侵害的是透露意识形态、宗教、信仰、健康、种族出身或性生活的个人数据的；

3）被害人是不满18周岁的未成年人或者需要特殊保护的残疾人的；或者

4）行为是出于获取利益的目的而实施的。

第277条 共同规定

在本章规定的所有情况下，如果行为是全部或部分（任何程度的参与）由公务员、公共雇员或专业人员滥用职权实施的，在相应的刑罚之外，还应当处2倍于所犯之罪规定刑罚期间的剥夺特定的公共职权或职务资格或者剥夺特定的职业、行业、商业或工业资格。

对本章规定的犯罪的追诉，需要被害人或其法定代表人提出控告。如果被害人是未成年人或需要特殊保护的残疾人的，检察官办公室也可以依职权控告该行为。

如果行为是由公务员或公共雇员在执行职务时所实施或者影响公共或多数人的利益的，则无需前款规定的被害人的控告。在这种情况下，可以由检察官办公室依职权提出控告。

被害人或其法定代表人的宽恕将消灭对本章规定的犯罪的刑事追诉，但不影响本法典第109条的规定。

---

[1] 被2021年11月1日第93-2021号法令废止。

第十一编　妨害家庭关系罪

第一章　非法婚姻

第 278 条　重婚

在先前的婚姻仍然合法有效的情况下，又结婚或者拥有法律承认的事实婚姻的，处 1 年至 3 年向公用事业或被害人提供服务和 150 日至 300 日罚金。

未结婚的人明知对方已结婚仍与其结婚的，处相同的刑罚。

第 279 条　缔结无效婚姻

明知其无效而缔结婚姻的，处 6 个月至 1 年向公用事业或被害人提供服务或者 150 日至 300 日罚金。

如果该婚姻事后被宣布有效的，实施前款规定行为的人应被免除刑罚。

第 280 条　批准无效婚姻

批准法律禁止的或不具备有效性的必要条件的婚姻的，处 8 个月至 1 年向公用事业或被害人提供服务或者 200 日至 500 日罚金。

如果行为是由专业人员、公务员或公共雇员实施的，还应并处 2 年至 4 年剥夺特定的公共职权或职务或者特定的职业资格。

如果导致无效的原因是可以原谅的，前述刑罚应当减轻 1/4。

第二章　虚报出生和变更亲子关系

第 281 条　虚报出生和隐藏或替换未成年人

虚报出生的，处 6 个月至 3 年监禁。

隐藏未成年人或者将其交与第三人，以歪曲或修改其亲子关系的，处前款规定的刑罚。

用一个未成年人代替另一个未成年人的，处 3 年至 6 年监禁。

卫生、教育或其他类似机构负责识别和看管未成年人的人，因严重过失允许一名未成年人被另一名未成年人替换的，处6个月至1年监禁。

第282条　欺诈性收养、寄养或抚养

不遵守法律规定的条件将未成年人交给他人收养、寄养或抚养以获得经济补偿的，即便行为发生于国外也不例外，处4年至6年监禁。

对接受未成年人的人以及这些行为的中间人，按照前款规定的刑罚加重1/3。

第283条　共同规定

如果尊亲属实施前几条规定的行为的，还可以处4年至8年剥夺对被交付的未成年人的亲权。如果教育工作者、宗教人士、医生、助产士或产科医生、护理人员或任何其他履行职责中的专业人员、公务员或公共雇员实施这些犯罪的，还可处2倍于监禁期间的剥夺特定职业资格或者特定的公共职权或职务资格。

如果上述规定中所指的行为发生在卫生中心、托儿所、学校或其他接收或看护儿童的场所或机构的，可以决定暂时或永久关闭这些机构。暂时关闭的期间不得超过5年。

如果前述条文规定的行为是在有组织犯罪集团的框架内实施的，本章规定的刑罚应当加重1/3。

第三章　违背家庭权利和义务

第284条　不交出或交付未成年人或残疾人

管理未成年人或需要特别保护的残疾人的人，在父母或监护人要求时不将其交给父母或监护人，且不就其消失不见提供合理解释的，除本法典其他条款对本行为规定了更重的刑罚外，处6个月至2年监禁。

第285条　引诱离家出走

引诱不满18周岁的未成年人或残疾人离开家庭住所或者经其父

母、保佐人或者监护人批准而定居的地方的，处 6 个月至 2 年监禁。

第 286 条　偷盗未成年人或需要特殊保护的残疾人

在未经与其惯常一起居住的父母或者受委托对其进行监护或看管的个人或机构同意的情况下，父亲或母亲违反有关监护权的司法判决，将不满 18 周岁的子女或残疾人从其居住地转移出去的，处 3 年至 6 年监禁。

父亲或母亲严重违反司法判决规定的义务，阻留或藏匿未成年人或需要特殊保护的残疾人的，处相同的刑罚。

如果转让不满 18 周岁的未成年人或残疾人的行为实施于国外或就将该未成年人恢复原状提出条件的，前述各款规定的刑罚应当加重 1/3。

第 287 条　特别减轻

如果使未成年人或残疾人在其被偷盗后 72 小时内返回其住宅或居住地或已知的安全地点，并且他们的健康、身体完整或性完整没有受到损害的，则对前条规定的行为的刑罚应当减轻 1/3。该期间从报告偷盗之日起计算。

第 288 条　违背救助和供养义务

不履行亲权、保佐、监护或收养所固有的法定救助义务的，处 6 个月至 12 个月向公用事业或被害人提供服务或者 180 日至 360 日罚金。

不提供法律规定的必要援助来供养有困难的尊亲属、卑亲属或配偶的，处相同的刑罚。

在被提出确凿无疑的请求后，停止支付法律规定的或根据在法定分居、离婚或宣告无效案件中批准或商定的司法决定或判决确定的赡养费或任何其他经济利益，使被害人处于无助境地的，处 1 年至 3 年监禁或 1 年至 2 年向公用事业或被害人提供服务或 360 日至 720 日罚金或者 5 年剥夺公共职权或职务。

如果是第一次违背该项义务的，在作出相应判决之前，支付应有的生活费并根据主管法院的意见对随后履行其义务作出合理保证的，应当免除刑罚。

对本条规定的犯罪，只有在受害人或其法定代理人提出控告后才能进行追诉。在属于未成年人或残疾人的情况下，检察官办公室也可以提出控告。

第四章　家庭虐待

第 289 条　家庭虐待

对配偶、有被承认的事实婚姻关系的人、曾经保持或一直保持与前述关系类似的稳定关系（即使没有同居也在此列）的人、或卑亲属、尊亲属或血亲、收养或姻亲的兄弟姐妹（无论他们是其自己的亲属还是其配偶或同居人的亲属），实施身体或心理暴力的，处 6 个月至 1 年监禁，并处 100 日至 200 日罚金或者相同期间的向公用事业或被害人提供服务。

如果虐待的实施具有下列情形之一的，刑罚应当加重 1/3：

1）被害人因年龄而特别脆弱或是残疾人的；
2）在未成年人在场的情况下实施的；
3）使用危险的武器或工具的；或者
4）在被害人家中实施的。

如果具有两种或者更多种上述情形的，刑罚的上限应当加重 2/3。

对本条第 1 款所提到的任何主体惯常地实施身体或心理暴力的，处 1 年至 2 年监禁。在实施一项或者多项暴力行为时，如果具有本条第 2 款所规定的任何一种情形的，刑罚应当加重 1/3；如果具有两种或更多种情形的，刑罚应当加重 2/3。

为了评估前款所指的惯常性，应当注意已被认定的暴力行为的数量和时间间隔，无论这些行为损害的是同一名或者多名被害人，也无论暴力行为是否曾在此前的诉讼程序中成为追诉对象。

除非该行为在本法典的另一条款中处以更重的刑罚，否则应当适用前述各款的规定，特别是在暴力侵害妇女的案件中。

第 290 条　共同规定

在本章规定的犯罪中，主管法院可以在其判决中决定科处本法典第 52 条规定的一项或多项禁止令，期间不得超过 5 年。

第十二编　侵犯劳动权利罪

第 291 条　危害劳动者的安全罪

不向劳动者提供开展工作所必需的安全卫生工具和措施，从而严重危及劳动者的生命、健康和身体完整的，处 6 个月至 2 年监禁，但不影响对所造成的有害后果处以相应的刑罚。

第 292 条　非法的劳动剥削

通过欺骗或滥用困境，损害、取消或限制劳动者在公共或私人雇佣中被合法承认的权利的，处 1 年至 3 年监禁和 100 日至 300 日罚金。

如果使用了暴力或恐吓的，刑罚应当加重 1/4。

第 293 条　剥削童工

如果对不满 18 周岁的未成年人实施前两条规定的行为的，则该行为应当按照相应情形中的既定刑罚加重 1/3 处罚；如果是不满 16 周岁的未成年人的，刑罚加重 2/3。

第 294 条　纵向的职场霸凌

在劳动关系范围内，利用优势地位关系，屡次对他人实施敌对或蔑视行为（不单独构成有辱人格的待遇），使受害人在相应的关系范围中陷入遭受客观的、严重的羞辱的境况的，处 6 个月至 1 年居家监禁和 2 倍于监禁期间的剥夺特定资格。

第 295 条　劳动歧视罪

在公共或私人雇佣中，因为意识形态、宗教或信仰、语言、属于某一族裔或种族、民族出身、土著或非洲人后裔、性别、性取向或性别认同、性别原因、婚姻状况、家庭或经济状况、年龄、疾病、残疾或怀孕，对担任工人的合法代表或工会代表的任何人实施严重歧视的，处1年至2年监禁和100日至200日罚金。

如果犯罪人是公务员的，并处2倍于监禁期间的剥夺特定公共职权或职务资格；在其他情形下，并处相同期间的剥夺特定职业、行业、商业或工业资格。

第296条　法人的责任（废止）[1]

第十三编　非法偷运人口

第297条　非法偷运人口

出于直接或间接获得经济利益或其他物质利益的目的，违反关于人员入境、停留、过境或出境的立法，对从洪都拉斯或其他国家、向洪都拉斯或其他国家或者过境洪都拉斯或其他国家非法偷运或秘密移民人口予以促进、支持或提供便利的，处4年至6年监禁和100日至300日罚金。

如果前述行为是作为有组织犯罪集团的一部分实施的，处6年至8年监禁和200日至500日罚金。

如果犯罪是由公务员或公共雇员在履行职责中实施的，监禁加重1/3，并处15年至20年剥夺全部资格。

第十四编　危害公共卫生罪

第一章　有关药品或医疗设备的犯罪

第298条　非法制造和买卖药品

对缺乏法律要求的必要授权的药品或药物（包括供人类使用和兽医使用的药品或药物以及研究性药品或药物），没有共同规定要

---

[1]　被2021年11月1日第93-2021号法令废止。

求的合规文件的医疗设备，或变质、过期或成分、稳定性和有效性不符合其相关技术要求的药品或药物，予以制造、加工、生产、进口、出口、供应、接受、居间、营销、提供、通过广播、书面或电视媒介投放市场，或者出于这些目的储存这些药品或药物，从而对生命产生风险或对人的健康产生严重危险的，处4年至6年监禁和100日至300日罚金。

第 299 条　仿真为食品、产品或物质

意图供公众消费或供第三方使用，对以欺诈的方式介绍其同一性或性质（包括在适当情况下的包装、标签、有效期、其任何成分的名称或成分或其剂量）、原产地（包括制造商、制造国、原产国、营销授权或合规文书的持有人和遵守法定的条件或要求、许可证、合规文书或授权的相关数据）或历史记录（包括与所使用的分销渠道相关的记录和文书）的药品或药物（包括供人类使用和兽医使用的药品或药物以及研究性药品），以及这些药品的活性物质、赋形剂或医疗设备，以及对其完整性至关重要的配件、元件或材料，予以制造、加工、生产、进口、出口、供应、接受、居间、营销、提供或投放市场，从而对生命产生风险或对人的健康产生严重危险的，处5年至7年监禁和100日至300日罚金。

在制造、加工时或此后某一时间，改变前款所指的任何药品、药物、赋形剂、医疗设备、配件、元件或材料的被授权或宣布的真实的数量、剂量、有效期或成分，或者以降低其安全性、功效或质量的方式对它们掺假，对人的生命或健康造成风险的，处相同的刑罚。

第 300 条　兴奋剂犯罪

在没有治疗理由的情况下，为未参加竞赛的联邦运动员、从事娱乐体育的非联邦运动员或参加由体育实体在洪都拉斯组织的竞赛的运动员，开具、提供、配发、供应、施用、给予旨在增强体能或改变竞赛结果的禁用的物质、药物组以及非监管方法或为他们提供便利，由于其含有的东西、重复摄入或存在的其他情形从而危及他们的生命或健康的，处6个月至3年监禁和300日至500日罚金。

如果犯罪的实施具有下列情形之一的，前款规定的刑罚应当加重 1/3：

1) 使用暴力、欺骗或者恐吓的；或者
2) 负责人利用工作或职业的优势关系的。

第 301 条　未经授权生产有害物质

在前述各条规定的情形以外，在未获适当授权的情况下，生产对健康有害的物质或可能导致灾难的化学产品并且予以发送、供应或交易的，处 6 个月至 3 年监禁和 180 日至 360 日罚金。

第 302 条　非法发送或供应有害物质

被授权贩运前条所指物质或产品，在未履行相应的法律和法规规定的手续的情况下发送或供应此类物质或产品的，处 180 日至 360 日罚金。

第 303 条　伪造药品营销所需文件

制作涉及前述条文中所指的任何药品或药物、活性物质、赋形剂、医疗设备、配件、元件或材料（包括其包装、标签和使用方法）的任何虚假文书或虚假内容，以实施或为便利实施上述条款中规定的某一犯罪的，处 1 年至 3 年监禁和 100 日至 200 日罚金。

第 304 条　特别的加重情节

如果犯罪是在下列任一情形下实施的，相应的刑罚应当加重 1/3：

1) 犯罪人是当局、公务员或公共雇员、医生、卫生专业人员、教师、教育工作者、体能或运动教练，并在从事其职务、职业或行业时实施行为的；
2) 所涉及的药物或药品、活性物质、赋形剂、医疗设备、配件、元件或材料具有下列情形的：
    a) 它们是通过大众媒体（无论是广播、电视、纸质还是数字）被提供的；
    b) 它们被向未成年人、残疾人或与所提供产品相关的特别弱势的人员提供或为他们提供便利的；
3) 这些行为是由公共或私人机构的负责人或雇员在该机构中

实施的。

第二章 有关食品或供消费的产品的犯罪

第 305 条 饮用水和食品掺假

在饮用水、供人类消费的水源或者供公众使用或由一群人消费的食品物质中，掺入传染性物质或其他可能严重危害健康的物质的，除本法典其他条款对该行为规定了更重的刑罚的情况外，处 3 年至 6 年监禁和 100 日至 300 日罚金，但不影响对所实施的危害生命、身体完整或身心健康的犯罪处以相应的刑罚。

第 306 条 物质的危险供应

有下列情形之一的，处 2 年至 4 年监禁：

1) 向供人类食用的动物或植物提供不被允许的物质，或者在允许的情况下高于规定的剂量或出于授权以外的目的提供的，产生在任何情况下都会存在的对人们的健康的风险的；

2) 在加工食品时，使用含有异质的、变质的或有毒的物质的材料、产品或副产品，危及人们的生命或健康的；或者

3) 将被可直接或间接传染给人类的疾病感染、用危险物质处理过或者其传播危及人类生命或健康的动物的肉类或副产品工业化供人类食用的。

第 307 条 传播流行病和传染性疾病

通过扩散病原体或细菌引起、引入或传播人类流行病的，处 6 年至 10 年监禁和 300 日至 500 日罚金。

违反主管当局事前规定的预防措施而引入或传播人类流行病的，处相同的刑罚。

如果引入或传播危害健康的害虫的，处 3 年至 5 年监禁和 300 日至 500 日罚金。

在供人类食用的动物中引起、引入或传播流行病的，处相同的刑罚。

第三章 共同规定

第 308 条 剥夺权利

对于前两章规定的犯罪，并处 2 倍于监禁期间的剥夺特定职业、行业、商业或工业资格。

第 309 条 法人的责任（废止）[1]

第 310 条 过失的危害公共卫生犯罪和特别加重

如果因严重过失实施前两条规定的犯罪的，应当按前述各条的既定刑罚减轻 1/3 处罚。

如果公共雇员或公务员实施前两章所指的犯罪的，应当按照前述各条规定的刑罚加重 1/3 处罚。

第四章 贩运毒品和前体罪

第 311 条 贩运毒品

实施播种、种植、收获、加工、交易、运输、贩运或以任何方式促进、支持或便利毒性药品、麻醉品或精神药物的非法消费的行为，或者出于这些目的而持有这些物质的，如果是不会对健康造成严重损害的毒品的，处 4 年至 7 年监禁；在其他情况下，处 7 年至 10 年监禁。在这两种情况下，并处 100 日至 500 日罚金。

如果基于行为和行为人人身的情节认定严重程度较低的，在前款所指的每一种情形下，处 1 年至 3 年或 2 年至 5 年监禁。如果出现下条规定的加重情节的，则不能适用该规则。

第 312 条 贩运毒品的特别加重[2]

在前条第 1 款的情况下，如果有下列情形之一的，处 10 年至 15 年监禁和 300 日至 500 日罚金：

---

[1] 被 2021 年 11 月 1 日第 93-2021 号法令废止。
[2] 被 2021 年 11 月 1 日第 93-2021 号法令修正。

1）作为犯罪对象的物质被提供给不满 18 周岁的未成年人、残疾人或正在接受康复和戒毒治疗的人，或者被用于贩运活动的；

2）犯罪人利用其公共身份或参与健康科学领域实施该行为的；

3）犯罪是在有组织犯罪集团的框架内实施的；

4）由于该物质的纯度、其掺假、混合、操纵或犯罪人控制下的任何其他情况，该行为可能严重危及被害人的生命或健康的；

5）犯罪对象的数量特别重大的；

6）该行为针对军队单位、警察、监狱或羁押机构、教育机构或戒毒或康复机构实施的；

7）使用特殊的交通工具的；

8）实施该行为时使用暴力、恐吓或武器的；或者

9）该行为以国际贩运为目的的。

如果前款第 3 项的情形与第 5 项、第 7 项或者第 9 项规定的情形同时存在的，监禁应当加重 1/3。

第 313 条　贩运毒品的特别减轻

如果有下列情形之一的，本法典第 311 条第 1 款、第 312 条的刑罚应当减轻 1/3：

1）犯罪分子供述其参与的毒品贩运活动并且随后提供或获取其证据的；

2）与当局合作，阻止贩运毒品犯罪的实施或减轻其后果，或者合作提供或获取其他已经实施的犯罪的证据的；

3）与当局合作，查明、抓捕或起诉实施贩运毒品犯罪的责任人的；或者

4）开展旨在剥夺该犯罪组织易于促进其犯罪活动的手段和资源或者从中获得的利益的活动的。

第 314 条　贩运前体

资助、制造、加工、贩运或分销用于非法种植或加工毒性药品、麻醉品或精神药物的设备、材料或物质，或者出于这些目的而持有这些设备、材料或物质的，处 4 年至 6 年监禁和 100 日至 300 日罚金。

第 315 条　贩运前体的特别加重

如果具有本法典第 312 条规定的任何情形，或者犯罪人曾经被行政授权可以拥有和交易前体但将其转用于非法目的的，处 6 年至 10 年监禁和 100 日至 500 日罚金。

第 316 条　贩运毒品的特别减轻

如果出现本法典第 313 条规定的任何情形的，处 1 年至 3 年监禁和 50 日至 100 日罚金。

第 317 条　法人的责任（废止）[1]

第 318 条　对预备行为的刑罚

共谋、提议或者煽动实施贩运毒品罪的，应当按照相应监禁刑减轻 1/3 处罚。

第 319 条　剥夺权利刑

对于利用公共职权或职务资格或者职业、行业、商业或工业资格实施犯罪的人，并处 5 年至 15 年剥夺特定公共职权或职务资格或者剥夺特定职业、行业、商业或工业资格。

第 320 条　国际累犯

外国法院对贩运毒品或前体犯罪的有罪判决能产生累犯的后果，除非该犯罪前科已经被撤销或根据洪都拉斯法律可以被撤销。

第 321 条　定义

麻醉药品或精神药物，是指 1961 年在纽约制定的联合国《一九六一年麻醉品单一公约》及其议定书附表一、附表二、附表四和 1971 年 2 月 21 日在维也纳制定的联合国《精神药物公约》及其议定书的附表一、附表二、附表三、附表四中所列的任何物质。

印度或美国大麻的衍生物或者大麻，视为不会对健康造成严重危害。就本法典而言，前款所指的附表中包含的其余毒品应当被视为对健康造成严重危害。

---

〔1〕 被 2021 年 11 月 1 日第 93-2021 号法令废止。

特别重要的数量是指：

1) 10 000 克大麻；
2) 1000 克大麻制剂；
3) 2000 克可卡因或可卡因衍生生物碱；
4) 60 克鸦片或其衍生物；或者
5) 200 克或 400 毫升（当合成毒品是溶液时）合成毒品。

前体，是指 1988 年 12 月 20 日在维也纳制定的《联合国禁止非法贩运麻醉药品和精神药物公约》附表一和附表二中所列的物质。

第 322 条　认定查获毒品数量的标准

就查获毒品数量的认定而言，除大麻外，如果毒品的性质或其外观允许，则应当考虑有效成分的数量。

第十五编　危害道路安全罪

第 323 条　鲁莽驾驶

明显鲁莽地驾驶机动车，具体地危及人的生命或身体完整性的，处 6 个月至 3 年监禁和 1 年至 6 年剥夺驾驶机动车的权利。

就本条而言，鲁莽驾驶被理解为：

1) 在每种类型的道路上超过法律允许的速度限制的一半以上驾驶的；
2) 服用有毒药品、精神药品或者酒精饮料后驾驶的；或者
3) 完全不尊重最基本的道路交通规则的驾驶。

第十六编　危害环境罪

第一章　危害生态系统的平衡罪

第 324 条　污染空气、水或土壤

违反环境保护法规，进行影响大气、海洋水域、内陆水域、土

壤或者底土的污染活动，严重危害生态系统平衡的，处 3 年至 6 年监禁和 300 日至 600 日罚金。

第 325 条　非法开采自然资源[1]

违反环境保护法规，以严重危害生态系统平衡的方式非法采集、开采、开发水利、森林、矿产、化石资源的，处 3 年至 6 年监禁和 300 日至 600 日罚金。

如果通过使用污染手段或者污染技术实施上述行为的，刑罚应当加重 1/3。

就本条规定而言，开采，是指旨在从资源中获取利益的任何活动，包括来自开采的产品或副产品的储存、工业化、商业化、非法贩运和转移。

凡砍伐、清除或毁坏林地的，处以与本条规定相同的刑罚。

如果是在森林度假用地上实施的，刑罚减轻 1/3。

第 326 条　非法处理危险废物

违反针对危险废物的跨境流动和以可能严重损害生态系统平衡的方式进行消除危险废物所制定的法律监督，消除、管理、交易或转移危险废物的，应当基于其各种情形按照前条规定的刑罚进行处罚。

第二章　危害生物多样性罪

第 327 条　森林放火

在林区、树木繁茂之地或因生态价值而受到保护的植物区域引起火灾的，处 5 年至 8 年监禁和 200 日至 500 日罚金。

如果考虑到其面积、保护水平、该区域或植被的重要性以及位置，前述行为相当严重的，监禁的期间为 8 年至 12 年。

因放火造成本法典第 183 条规定的后果或具有本法典第 184 条规定的情形的，应当在刑罚中线和上限之间处刑。

---

[1] 被 2021 年 11 月 1 日第 93-2021 号法令修正。

第 328 条　引进外源物种[1]

违反物种和栖息地保护规定，向自然环境引入或者释放外源动植物样本，危及受影响地区的生物多样性维护的，处 2 年至 4 年监禁和 200 日至 500 日罚金。

如果出于获取利益的目的而实施本条规定的行为的，刑罚加重 1/3。

第 329 条　传播病虫害

在林区或野生物种的自然栖息地传播害虫或疾病，从而危及受影响地区的生物多样性的维持的，处 2 年至 4 年监禁和 200 日至 500 日罚金。

第 330 条　危害濒危物种

违反物种和栖息地保护规定，以危及被影响物种的保护状况的方式，损毁、采集、捕捉、出售濒危动植物的样本或者非法贩运濒危动植物的样本或残余的，处 6 个月至 3 年监禁和 50 日至 300 日罚金。

第 331 条　非法采集标本

以适用于其狩猎或捕捞的法律或一般规定所明确禁止的数量、地点、时间或方式，采集前条规定以外的野生动物的标本，从而危及受影响物种的保护状况的，处 6 个月至 2 年监禁和 50 日至 200 日罚金。

第 332 条　危害生物多样性罪的特别加重

本章规定的行为具有下列情形之一的，各自规定的刑罚应当加重 1/3：

1）受影响的是濒临灭绝或被列为国家象征的物种的；
2）使用对受影响物种具有特别破坏性的手段或技术的；以及
3）在宣布为生物保护区的区域实施的。

---

[1]　被 2021 年 11 月 1 日第 93-2021 号法令修正。

第三章 环境犯罪的共同规定

第333条 危害环境罪的共同加重

前述各条规定的行为具有下列情形之一的，各自规定的刑罚应当加重1/3：

1）危及人的生命或者健康的，但根据本法典的其他规定处以更严重的刑罚的除外；

2）受到影响的是因其环境价值而受到特别保护的自然区域的；

3）对生态系统的平衡或者生物多样性的维持产生破坏性影响或者产生不可逆转或灾难性恶化的风险的；或者

4）行为是在有组织犯罪集团内实施的。

如果存在两种或更多种前款各项规定的情形的，刑罚应当加重2/3。

第334条 剥夺权利

法官可对实施环境犯罪的犯罪人处以剥夺获得公共补贴和援助、与公共部门签订合同以及享受税收优惠或奖励或社会保障的资格，以及剥夺从事与所实施的犯罪直接相关的职务、雇佣或活动的资格。这些刑罚的期间不能超过所实际判处的剥夺自由刑期间的2倍。

第335条 过失的环境犯罪

如果因严重过失实施本编前述各条规定的犯罪的，应当按各罪既定刑罚减轻1/2处罚。

第336条 公务员或公共雇员的责任

公务员或公共雇员在明知其违法性的情况下，对本章规定的行为的实施予以授权、发表或报告肯定意见或者容认的，处与正犯相同的刑罚，但加重1/3处罚，并处2倍于监禁期间的剥夺特定的公共职权或职务资格。

如果公务员或公共雇员参与本编前述各条规定的作为或不作为，应当按照相应的刑罚加重1/3处罚，并处2倍于监禁期间（取决于它们参与犯罪的程度）的剥夺特定的公共职权或职务资格。

第337条　法人的责任（废止）[1]

第338条　特别减轻

在下列情形下，主管法院可以将本编规定的行为的刑罚减轻至1/2：

1）犯罪人在对他采取追诉程序之前已主动地着手赔偿所造成的损失或消除所产生的风险的；

2）犯罪人与当局合作，阻止环境犯罪的实施或减轻其后果、提供或获取其他已实施的犯罪的证据或者查明、抓捕和起诉其他责任人的；或者

3）考虑行为的严重程度和罪犯的个人情况，如果犯罪是以手工方式实施或用于家庭消费的。

第339条　生态平衡的恢复

主管法院应当决定该行为的责任人采取旨在恢复受到破坏的生态或生物平衡的必要措施，包括在适当的情况下重新造林以及保护受影响环境资产所需的任何其他禁止令。

第340条　国际累犯

外国法院对与本编规定的犯罪性质相同的犯罪的有罪判决能产生累犯的后果，除非该犯罪前科已经被撤销或根据洪都拉斯法律可以被撤销。

第十七编　危害动物福利罪

第341条　虐待动物

无理地虐待家畜或驯养动物，导致其死亡的，处2年至4年监禁；如果导致严重损害其健康的伤害的，处6个月至2年监禁。主管法院还可并处1年至3年剥夺从事与动物有关的职业、行业、商

---

[1]　被2021年11月1日第93-2021号法令废止。

业或工业资格。

如果考虑虐待的情节和给动物造成的痛苦认为行为特别残酷的，前款规定的刑罚可以加重最多 2/3。

第 342 条　遗弃动物

将家养或驯养动物遗弃在对其生命或身体完整存在危险的条件下的，处 6 个月至 8 个月向公用事业或被害人提供服务或者 100 日至 200 日罚金。主管法院机构还可以处以期间最长为 2 年的剥夺与动物相关的职业、行业或商业资格。

第十八编　市政建设犯罪

第 343 条　非法的市政建设

在未就这些活动获得必需的授权或者行政许可的情况下，进行分割、城市化、建设或者建造，影响以下任何类型的土地的，处 2 年至 5 年监禁和不超过 3 倍于所得利益或所致损失的罚金：

1）预留公共工程建设的区域、公共所有或预留公众使用的区域；

2）受污染或由于自然原因而对人群存在危险的区域；

3）绿化区域或法律规定或行政手续承认其风景、生态、艺术、历史、文化价值或出于同样原因被视为予以特别保护的区域；或者

4）不允许城市化或建设的农村区域。

第 344 条　公务员的不规范审批

在明知其违法性的情况下，公务员或公共雇员单独或作为合议机关的成员，以下列方式进行干预的，处 3 年至 5 年监禁和 2 倍于监禁期间的剥夺特定公共职权或职务资格：

1）决议或投票赞成批准规划文书、城镇化、细分、改建、建设、建造项目或颁发许可证的；或者

2）对规划文书、城镇化、细分、改建、建设、建造项目或颁发许可证，以违反现行土地或城市规划法规的方式发表肯定意见或

者作出肯定报告的。

只有在实际地决定支持该非法文书、项目或许可证时，上述行为才会受到处罚。

第345条 公务员不作为的责任

负责检查的公务员或公共雇员，不报告违反现行土地或城市规划法规的行为或者不实施强制性的检查，从而有利于本法典第343条所规定行为的实施的，处2年至4年监禁和2倍于监禁期间的剥夺特定公共职权或职务资格。

第346条 法人的责任（废止）[1]

第347条 违法建设的拆除

主管法院可以通过合理的判决，命令拆除工程并将土地恢复到原来的状态，费用由行为的正犯承担，但不影响对善意第三人的赔偿。

第十九编 破坏文化遗产罪

第348条 非法贩运文化遗产财产

违反适用的法律和共同规定，从事属于国家文化遗产的财产的进口、出口、贸易或流通活动的，处3年至6年监禁和不超过4倍于所获得或者追求利益的罚金。

第349条 改变属于文化遗产的不动产

违反适用的法律和共同规定，毁灭、破坏或重大改变因其历史、文化或艺术价值而受到特别保护的不动产的，处3年至6年监禁和不超过4倍于所获得或追求利益的罚金。

第350条 开发考古区域

违反适用的法律和共同规定，在考古区域或遗址以危害该地点

---

[1] 被2021年11月1日第93-2021号法令废止。

的保护状态的方式进行勘探、挖掘或清理工作的，处4年至8年监禁和100日至1000日罚金，但不影响对所造成的损毁或将所发现物品非法据为己有处以相应的刑罚。

发现考古遗迹或物品，不向负责其保护或看管的当局报告这一发现的，处1年至3年监禁。

第351条　特别的加重情节

如果有下列情形之一的，前述各条规定的刑罚应当加重1/3：

1）考虑其特定的历史、文化或艺术意义，受行为影响的财产具有特殊价值的；

2）行为是在有组织犯罪集团内实施的；或者

3）行为是滥用有利于犯罪实施的任何优势地位、影响力或境况实施。除相应的刑罚外，主管法院还可处以剥夺为犯罪的实施提供了便利的职务、雇佣或活动的资格以及剥夺接受与所实施的行为有关的公共补贴和援助的资格。这些制裁的期间不能超过对所实施的行为规定的监禁期间上限的2倍。

第352条　公务员或公共雇员的责任

公务员或公共雇员在明知其违法性的情况下，对本编规定的行为的实施予以授权、发表或报告肯定意见或者容认的，处与正犯相同的刑罚，但加重1/3处罚，并处2倍于对所实施行为规定的监禁期间上限的剥夺特定的公共职权或职务资格。

如果公务员或公共雇员参与本编前述各条规定的作为或不作为，应当按照相应的刑罚加重1/3处罚，并处2倍于相应监禁期间上限（取决于它们参与犯罪的程度）的剥夺特定的公共职权或职务资格。

第353条　法人的责任（废止）[1]

第354条　特别减轻

在下列情形下，主管法院可以将本编规定的行为的刑罚减轻至多

---

〔1〕 被2021年11月1日第93-2021号法令废止。

2/3：

1）在对其提起追诉程序之前，当事人主动着手修复所造成的损害，在适当的情况下恢复作为犯罪对象的财产的；

2）犯罪人与当局合作，阻止环境犯罪的实施或减轻其后果、提供或获取其他已实施的犯罪的证据或者查明、抓捕和起诉其他责任人的；或者

3）考虑行为的严重程度和罪犯的个人情况，如果犯罪不属于实施惯常或职业的非法活动的。

第355条　文化遗产的恢复

主管法院应当决定该行为的正犯采取赔偿所造成损失的必要措施，包括在适当的情况下将该财产恢复到原来的位置。同样，可以命令采取保护受影响的文化财产的任何必要的预防措施。

第356条　国际累犯

外国法院对与本编规定的犯罪性质相同的犯罪的有罪判决能产生累犯的后果，除非该犯罪前科已经被撤销或根据洪都拉斯法律可以被撤销。

第二十编　侵犯财产罪

第一章　盗窃

第357条　普通盗窃

出于为自己或第三人获取利益的目的，在未获同意的情况下占有价值超过5000伦皮拉的他人动产的，处6个月至2年监禁。

第358条　盗窃牲畜或农作物

盗窃牲畜罪的实施，具有下列情形之一的：

1）价值超过5000伦皮拉的大型牲畜，处2年至4年监禁；以及

2）价值超过10 000伦皮拉的小型牲畜，处1年至3年监禁。

如果未超过前述价值但超过 5000 伦皮拉的，则应当处以与普通盗窃罪相应的刑罚。

如果主体取得 3 头或更多头大型或小型牲畜的，前述各项中所规定的刑罚（第 2 项后段除外）将加重 1/3。

在既没有上述情形所需要的文书也没有以其他方式获得从事上述业务的授权的情况下，出于商业目的而运输、储存、包装、加工或转让海洋的、陆地的或水产养殖的产品的，构成盗窃农作物罪，处 1 年至 3 年监禁。

如果在没有前款所指的随附文书的情况下运输的产品价值超过 20 000 伦皮拉，处 3 年至 4 年监禁。

第 359 条　窃夺占有

动产的所有人或经其同意的其他人剥夺动产持有人的合法占有，损害该占有人或第三人的利益，如果该财产的价值不超过 5000 伦皮拉的，处 6 个月至 1 年监禁；如果超过 5000 伦皮拉的，刑罚应当加重 1/3。

第二章　抢劫

第 360 条　使用对物强制的抢劫

以获利为目的，利用对物强制夺取他人动产的，处 2 年至 4 年监禁。

就本条规定而言，行为的实施具有下列情形之一的，认为是对物强制：

1）攀爬入内的；
2）破坏墙壁、房顶或者地板的；
3）打破门、窗或者橱柜的；
4）无论在抢劫现场或者之外的地方，破坏封缄的家具或物品或者使用对锁的强力或找到钥匙以取出其中的物品的；
5）使特定的警报、防护或其他类似系统无法使用的；或者
6）使用假钥匙的。假钥匙是指：

a）撬锁器或其他类似工具；

b）所有人丢失的或被以构成刑事犯罪的方式获取的合法钥匙；

c）非所有人指定用于打开被犯罪所侵犯的锁的其他钥匙；以及

d）使用磁卡或穿孔卡、远程开启命令或工具、遥控器或其他能够导致开启的电子设备。

第361条　使用对人暴力或胁迫的抢劫

出于获取利益的目的，利用针对人身的暴力或恐吓夺取他人动产的，处4年至8年监禁，但不影响对其实施的暴力行为处以相应的刑罚。

第362条　抢劫牲畜

如果使用对物强制实施抢劫牲畜的，应当受到下列处罚：

1）大型牲畜，处4年至6年监禁；或者

2）小型牲畜，处3年至5年监禁。

如果主体夺取3头或更多头大型牲畜的，前款第1项规定的刑罚应当加重1/3。

如果使用针对人身的暴力或恐吓实施抢劫牲畜罪的，处6年至8年监禁，但不影响对其实施的暴力行为处以相应的刑罚。

第三章　有关盗窃和抢劫的共同规定

第363条　特别的加重情节

如果有下列情形之一的，盗窃或者抢劫的刑罚应当加重1/3：

1）被夺取的是具有科学、艺术、历史、文化或纪念价值的物品的；

2）针对基本必需品实施，并且引起短缺状态的；

3）针对用于公共服务的物品（无论是公有的还是私有），并且给其造成了重大损失的；

4）考虑被夺取物品的价值，行为特别严重的；

5）产生值得特殊考虑的损害的；

6）被害人或其家人正面临严峻的经济状况的；

7）该行为是滥用被害人的个人情况而实施的；

8）利用未成年人实施犯罪的；或者

9）行为是使用行为人携带的武器或其他同等危险的手段或工具实施的。

如果存在两种或者更多种以上情形的，盗窃或者抢劫的刑罚应当加重2/3。

第四章　以盗窃和抢劫手段使用机动车

第364条　以盗窃和抢劫手段使用机动车

不具有据为己有目的，在没有适当授权的情况下，窃取或者使用他人的机动车，如果在不超过12小时的期间内将机动车归还至被窃取地点或其所有人处的，处1年至3年监禁。

如果夺取使用了对物的强制的，处2年至4年监禁。

如果不在前款规定的期间内恢复原状的，该行为按盗窃罪或抢劫罪处罚。

如果夺取使用了针对人身的暴力或恐吓的，应当按照使用对人暴力或胁迫的抢劫的刑罚处罚。

第五章　诈骗和其他欺诈行为

第365条　诈骗

出于获取利益的目的，使用足以使他人产生认识错误的欺骗手段，并诱使他人实施损害自己或他人利益的处分行为的，构成诈骗罪。有下列情形之一的，也构成诈骗罪：

1）出于获取非法利益为目的，通过计算机操纵或使用其他类似手段，在未经同意的情况下转让任何金钱资产，损害第三人利益的；以及

2）出于获取利益的目的，非法使用信用卡或借记卡、支票、本票、汇票、它们或任何其他类似的支付方式所包含的数据，开展

业务，损害其所有人或第三人的利益的。

如果诈骗的价值超过 5000 伦皮拉的，处 2 年至 4 年监禁。

在对这些犯罪量刑时，应当考虑诈骗金额、给被害人造成的经济损失、被害人与诈骗人之间的关系、犯罪人使用的手段以及有助于评价犯罪严重性的任何其他类似情节。

第 366 条　特别加重情节

如果有下列情形之一的，前条规定的刑罚应当加重 1/3：

1）行为是针对基本必需品或用于公共服务的物品（无论是公有的还是私有）或住宅实施的；

2）犯罪对象是作为国家的历史、艺术、文化或科学遗产一部分的财产的；

3）因为被骗数额该行为特别严重的；

4）以在任何程序中滥用签名或者对任何种类的公共或者官方的档案、协议、公文的全部或部分予以去除、隐匿或使之无法使用的手段实施行为的；

5）行为是在金融部门的范围内实施的；或者

6）行为是由拥有已成立或正在组建的公司的事实上或法律上的管理人身份的人实施的。

如果存在两种或者更多种以上情形的，刑罚可被最多加重 2/3。

第 367 条　不当的欺诈

实施任何下列行为之一的，处 3 年至 5 年监禁：

1）以隐瞒其上存在任何义务或负担的手段，处分动产或不动产，损害第三人利益的；

2）以虚假声称拥有财产的处分权的手段，转让、抵押或租赁动产或者不动产的；

3）签订虚假合同损害他人利益的；以及

4）在司法程序中操纵他打算提出的主张的证据或使用其他类似的程序欺诈的，造成主管法院的认识错误并导致其作出损害对方当事人或者第三人经济利益的判决。同样，以上述方式造成对方当事人的认识错误并导致其改变程序性意愿，损害对方当事人的经济利益的，也属于此类欺诈。

第368条　法人的责任（废止）[1]

第369条　能源、流体和电信欺诈

以获利为目的，使用秘密或未经授权的手段夺取、窃取或使用他人的电力、燃气、水、电信、能源或流体的，应当处以下列刑罚：

1）如果欺诈金额超过5000伦皮拉不满50 000伦皮拉的，处6个月至1年监禁和100日至200日罚金或者5年剥夺公共职权或职务资格；

2）如果欺诈金额超过50 000伦皮拉不满200 000伦皮拉的，处1年至2年监禁和200日至300日罚金；或者

3）如果欺诈金额超过200 000伦皮拉的，处2年至3年监禁和300日至400日罚金。

第六章　欺诈管理和非法侵占

第370条　欺诈管理

拥有法律、司法决定、行政决定或法律业务授予的管理他人财产的权力的人，在行使中超出范围并造成被管理人的财产损失的，应当按照本法典第365条或第366条规定的刑罚处罚。

第371条　非法侵占和截留

因为具有将其交付或归还义务的某一权利而占有或保管他人的动产、金钱或证券的人，侵占或否认已收到这些物品，损害他人利益的，应当处以本法典第365条或者第366条规定的刑罚。

不侵占该物品的人不当地对其进行使用，损害他人利益的，处相同的刑罚。

第372条　特殊侵占

实施下列任何行为之一的，处50日至200日罚金：

---

[1]　被2021年11月1日第93-2021号法令废止。

1) 出于谋取利益的目的，侵占他人遗失物或物主不明的财物，价值超过 5000 伦皮拉的。如果是具有艺术、历史、文化或科学价值的财产的，刑罚应当加重 1/4；以及

2) 因为错误不当接受价值超过 5000 伦皮拉的动产，否认曾经收到或在被请求后不归还的。

第七章 强迫交易

第 373 条 强迫交易[1]

出于谋取利益的目的，为了自己或者任何犯罪组织，以暴力、胁迫或恐吓手段，以任何方式强迫或试图强迫他人实施或不实施某项合法的行为、服务、交易或者交付金钱、动产或不动产，损害其财产或第三人的财产的，构成强迫交易罪，处 15 年至 20 年监禁和 500 日至 1000 日罚金，但不影响对所实施的人身暴力或恐吓行为处以相应的刑罚。如果因上述原因造成人员死亡的，处终身监禁。

无论通过暴力或恐吓所追求的目的是否实现，均视为强迫交易既遂。

第 374 条 特别的加重情节[2]

如果有下列情形之一的，前条的刑罚应当加重 1/3：

1) 如果犯罪人是有组织犯罪集团的成员，或者犯罪是为了帮助有组织犯罪集团而实施的；

2) 如果未成年人或残疾人被用于实施犯罪的；

3) 如果该行为针对的是因年龄、残疾或处境而特别弱势的被害人或因其履行职责而针对公务员或公共雇员公职人员实施的；

4) 由于强迫交易导致任何性质的公司或企业倒闭的；

5) 如果犯罪人是累犯的；或者

6) 当犯罪人是滥用职权的公务员或公共雇员的。在这种情况

---

[1] 被 2021 年 11 月 1 日第 93-2021 号法令修正。
[2] 被 2021 年 11 月 1 日第 93-2021 号法令修正。

下，除了相应的刑罚外，还应当处以 20 年至 25 年的剥夺特定的公共职权或职务资格。

第 375 条　特别减轻

如果具有下列情形之一的，前述各条规定的刑罚，除终身监禁外，应当减轻 1/3：

1) 供述犯罪人所参与的强迫交易活动，并且随后提供或获得证据的；

2) 与当局合作，阻止强迫交易犯罪的实施或减轻其后果，或者提供或获取其他已经实施的强迫交易犯罪的证据的；或者

3) 与当局合作，查明、抓捕或起诉实施强迫交易犯罪的责任人的。

第 376 条　对预备行为的刑罚

共谋、提议或者煽动实施强迫交易罪的，除非按照本法典的其他规定应处更重的刑罚，处 1 年至 3 年监禁。

第 377 条　国际累犯

外国法院对与本章规定的犯罪性质相同的犯罪的有罪判决能产生累犯的后果，除非该犯罪前科已经被撤销或根据洪都拉斯法律可以被撤销。

第八章　强夺

第 378 条　强夺[1]

实施下列行为之一的，构成强夺罪，处 4 年至 6 年监禁：

1. 占用或夺取不动产之全部或部分，或中断对不动产的占有、所有权或其他物权之全部或部分，或破坏或改变其边界的；

2. 以对人或物的暴力、胁迫、欺骗，掩饰或秘密的方式，通过滥用信任，全部或部分地占用不动产，损害对其行使所有权、占有权或其他物权的人的利益的；

---

[1] 被 2021 年 11 月 1 日第 93-2021 号法令修正。

3. 不具有将所涉不动产据为己有和混合进其个人财产目的的人，在未经授权的情况下，占据不属于住宅的他人的不动产、房屋或建筑物的；

4. 强夺不动产、物权或者非法占有与公共财产（例如通行权、高速公路、街道、花园、公园、绿地、长廊或其他公共使用或所有的场所，或者国家或城市的任何其他的不动产）的使用权相对应的土地或空间；或者出于阻止自然人或合法成立的法人开展或继续开展其工作的目的或宗旨，影响其活动和权利的正常行使的；

本条第 1 款规定的刑罚的判处，不影响以下行为的实施：一旦在行政或司法调查中提交了证明对不动产的占有、所有权权利或其他物权或者在前款第 4 项所指的情形中的对公共财产的使用权的侵害的文件或其他证明手段，检察官或审理案件的法官应当命令从有关不动产予以驱逐或恢复相应的占有或权利。

就通行或输水的地役权而言，只需证明对需役的不动产或土地的占有或所有权。

强夺罪被认为是一种连续犯，因为其既遂行为在完成时不会停止，会随着时间的推移而持续。在此意义而言，只要犯罪行为人或代理人持续地违反该规范的要求，损害受保护的合法利益，该犯罪就被视为是连续犯。

以暴力或者严重恐吓手段，占据他人不动产或者篡夺他人的不动产权利的，处 2 年至 4 年监禁，但不影响对所实施的暴力处以相应的刑罚。

不具有将所涉不动产据为己有和混合进其个人财产目的的人，通过针对人身的暴力或恐吓，在未经授权的情况下，占据不属于住宅的他人的不动产、房屋或建筑物的，处 1 年至 2 年监禁。

第 378-A 条　加重强夺罪 [1]

强夺有下列任何情形的，处 6 年至 10 年监禁和剥夺全部资格：

1. 如果强夺发生在国家或城市林区的；

---

[1] 被 2021 年 11 月 1 日第 93-2021 号法令新增。

2. 使用武器、爆炸物或任何危险工具或物质进行强夺的；

3. 如果 2 人或更多人参与的；

4. 该不动产正用于住宅、农用工业、工业、各类商业或旅游投资项目，或者打算或预留于这些项目（项目程度处于规划或开发阶段）的；

5. 如果是国家财产或用于公共服务的财产（例如通行权、高速公路、街道、花园、公园、绿地、长廊或其他公共所有或使用的场所，或者国家或城市的任何其他的不动产，或者被视为文化遗产或自然保护区的不动产）的；

6. 如果在被主管当局以驱逐令驱逐后，返回并强夺被驱离的财产的；

7. 公务员或公共雇员滥用其身份实施强夺的；或者

8. 因强夺阻碍国家批准的项目的实施的。

单独或作为一群人、协会或类似机构的领导人，组织、资助、便利、促进、指挥、煽动或推动对公共不动产和财产实施强夺的，处以与加重强夺罪相应的刑罚；如果强夺仍处于未遂阶段的，则处以第 378 条规定的刑罚。

第 379 条 篡改界标或边界 [1]

为了强夺不动产或其部分，篡改用于设定相邻财产边界的界标、界线或其他标志的，处 1 年至 3 年监禁。

如果篡改的是旨在设定国家或公共的林地的界标或边界的，处 2 年至 4 年监禁。

第 380 条 强夺水资源

在未经授权的情况下，改变公用或私用的水源或者天然或人工水库的流经道路的，处 1 年至 3 年监禁。

妨碍或阻止第三人行使对所述水域所享有的权利的，处相同的刑罚。

如果该水域是用于供应居民并且发生供应短缺的，刑罚应当加重 1/3。

---

[1] 被 2021 年 11 月 1 日第 93-2021 号法令修正。

第九章 损毁罪

第 381 条 损毁

在本法典其他规定未能包括的情况下,对他人财产予以破坏、毁灭、使之无法使用或者导致其损毁,如果损毁金额超过 5000 伦皮拉的,处 6 个月至 2 年监禁和 180 日至 720 日罚金。

第 382 条 加重的损毁

具有下列情形之一的,前条规定的刑罚应当加重 1/3:

1) 损毁是以动物或植物的感染、传染方式造成的,但不影响对危害公共卫生处以相应的刑罚或者本法典其他规定对该行为规定更重的刑罚的适用;

2) 使用毒害性、腐蚀性、爆炸性或易燃性物质的,但不影响对危害公共卫生处以相应的刑罚或者本法典其他规定对该行为规定更重的刑罚的适用;

3) 对他人财产予以破坏、毁灭、使之无法使用或者导致其损毁,损害国家或者公众使用领域的财产或者严重损害公共利益的;或者

4) 所造成的损毁使财产权持有人陷入无力清偿债务状态或使其陷入严峻的经济状况的。

如果具有两种或者更多种上述情形的,损毁罪的刑罚应当加重 2/3。

第 383 条 损毁基础设施或设备

对军队、警察或者国家安全部队的建筑物、机构、设施、船舶、航空器、车辆或其他类似资源,予以破坏、毁灭或者使之无法使用,如果导致损毁金额超过 5000 伦皮拉的,除本法典其他规定对该行为规定了更重的刑罚外,处 3 年至 6 年监禁和 300 日至 1000 日罚金;如果导致损毁金额未超过上述金额的,处 2 年至 5 年监禁和 300 日至 500 日罚金。

如果前述行为危害港口、机场或公共交通网络等大型基础设施

的，前述刑罚应当加重 1/3。

第 384 条　过失损毁

因严重过失导致损毁，价值超过 500 000 伦皮拉的，处 100 日至 360 日罚金或者 3 个月至 6 个月向公用事业或被害人提供服务。

这种损毁只有在受损物品的所有人或其法定代表人提出控告后才能追诉。如果其是未成年人、残疾人或本法典第 382 条所指的人的，检察官办公室也可以提出控告。

第 385 条　被害人的宽恕

被害人或其法定代表人的宽恕可以消灭对本章规定的犯罪（本法典第 382 条规定的情况除外）的刑事追诉，但不影响本法典第 107 条的规定。

第十章　高利贷罪

第 386 条　高利贷[1]

高利贷，是指利息与国家金融系统的通常利息明显不相称的贷款，并且根据案件情节有理由相信借款人是因为令人痛苦的处境、缺乏经验、对该事项认识有限、智力等自身原因而接受了该贷款。在任何情况下，超过国家金融系统规定的平均利率 6 个百分点的，视为明显不相称的利息。

在不受国家银行和保险委员会监管的情况下，作为事实上或法律上的贷款人订立高利贷合同的，处 2 年至 4 年监禁和不超过 2 倍于贷款金额的罚金。

对此而言，贷款应被理解为以偿还另一笔相同种类和性质的资金以及利息为条件，其中一方向另一方交付一定金额资金的合同，无论该合同形式上是否以另外一种类型的合同为幌子。

如果有下列情形之一的，本条第 2 款规定的刑罚将加重 1/3：

1) 贷款人是不受国家银行和保险委员会监管注册的且以发放

---

[1] 被 2021 年 11 月 1 日第 93-2021 号法令修正。

贷款为惯常活动的专业人员的；或者

2）贷款对象是经济状况严峻的人的。

在明知其高利贷特征的情况下取得或试图执行贷款的，处与前述各款各种情形下相同的刑罚。

如果该行为是在有组织犯罪集团内实施的，相应的刑罚应当加重 1/3。

第十一章　未经批准的彩票和赌博

第 387 条　未经批准的彩票和赌博

生产、销售传统或电子彩票，或者进行未经合法特许或授权的抽彩、抽奖和其他赌博的，处 2 年至 4 年监禁和 500 日至 1000 日罚金。

上述刑罚的适用，不影响适用于其他犯罪特别是非法结社犯罪的刑罚。

为了慈善、政治、教育、娱乐、艺术或体育推广目的而由专门从事这些活动的中心、组织或机构专门举办的抽采和抽奖活动，不在此列。

第十二章　共同规定

第 388 条　刑事责任的免除

下列人员之间相互实施的财产犯罪，免除刑事责任，仅承担民事责任：

1）配偶或与之保持类似性质的稳定关系的人，如果他们居住于同一房屋的；

2）血亲或基于收养的直系尊亲属、血亲或基于收养的直系卑亲属、血亲或基于收养的兄弟姐妹以及在一起居住的一等以内的姻亲；以及

3）寡妇或鳏夫，对于属于其已故配偶的物品，只要这些物品没有转归他人占有。

本条不适用于参与实施犯罪的第三人。

在使用暴力或恐吓、主体滥用对被害人存在优势地位的特殊境况或犯罪是由于性别原因的情形下，该免除刑事责任事由不能予以认定。

第二十一编 与知识产权和工业产权有关的犯罪

第一章 侵犯知识产权罪

第389条 侵犯著作权及相关权利罪

出于获取利益或损害第三人利益的目的，在未获相应著作权及相关权利的拥有人或其受让人授权的情况下，复制、发行、公开传播或转化受著作权及相关权利保护的文学、艺术、科学作品或任何服务或财产的，处3年至6年监禁和不超过3倍于所获得或追求利益的罚金。

出于获取利益的目的，在未经权利拥有人授权的情况下，存储、进口或出口上述作品、服务、制品或展现的复制品，意图予以发行或公开传播的，处以相同的刑罚。

在前述各款规定的情形下，考虑犯罪人的特征和所获得或可能获得的经济利益数额较小，主管法院可以判处6个月至1年居家监禁。

如果非法利用是通过互联网、网页或门户网站进行的，主管法院还可以命令删除作为侵权对象的作品或服务。如果受知识产权保护的内容在此类网页或门户网站上独家或占主导地位地传播时，法院应当命令中断提供服务，并且还可以判决暂停其活动或予以关闭。

第390条 特别的加重情节

实施前条规定犯罪，具有下列情形之一的，处4年至6年监禁，并处2倍甚至3倍于所获得或追求的利益的罚金和1年至3年剥夺与所实施的犯罪相关的特定职业、行业、商业或工业资格：

1）如果存在以将其归属于本人或第三人创作的手段否认作品或其重要部分的真正作者身份的剽窃的；

2）如果非法利用涉及在非著作权及相关权利法许可的情况下违背作者意愿首次披露作品的；

3）实施非法利用侵犯了作品的完整权的；

4）考虑非法生产的物品或受影响的作品以及它们的转化、展现、翻译、非法复制、非法发行、非法向公众传播或提供的数量或所造成损害的特殊重要性，该行为具有特殊的严重性；或者

5）行为是在有组织犯罪集团框架内实施的。

第391条 非法享受有条件访问服务

出于获取利益的目的，在未获授权的情况下，为以可识别的方式使用通过电子的、模拟的、地面数字的、卫星的或互联网的方式播放的广播、声音或电视服务或者通过电子方式远程提供的互动服务提供便利的，处1年至3年监禁和不超过3倍于所获得的利益的罚金。

出于获取利益的目的，在未获授权的情况下，制造、组装、修改、进口、出口、销售、租赁、安装、维护、更换或以任何其他方式分销或商业化用于欺诈性使用前款规定的有条件服务的设备或系统的，处1年至2年监禁和不超过3倍于所获得的利益的罚金。

在下列情形下，前述刑罚应当加重1/3：

1）鉴于所获取的高额利润或者对供应商所造成的损害，该行为具有重大的经济意义的；或者

2）该行为是在有组织犯罪集团的框架内实施的。

在本条前述各款规定的情形下，考虑犯罪人的特征和所获得或可能获得的经济利益数额较小，主管法院可以判处6个月至1年居家监禁。

第392条 规避技术措施

出于获取利益或损害第三人利益的目的，在未获各自的权利拥有人授权的情况下，规避或回避任何旨在防止侵犯著作权及相关权利的有效技术措施的，处1年至3年监禁和不超过3倍于所获得的

利益的罚金。

出于商业目的、获取利益或损害第三人的利益的目的，生产、制造、复制、分销、进口、出口或向公众提供旨在为非法抑制或消除专门为防止侵犯著作权及相关权利而设计的任何技术措施的任何程序、工具、手段或步骤的，处1年至2年监禁和不超过3倍于所获得的利益的罚金。

在前述各款规定的情形下，考虑犯罪人的特征和所获得或可能获得的经济利益数额较小，主管法院可以判处6个月至1年居家监禁。

第二章　侵犯工业产权罪

第393条　非法使用专利

出于工业或商业目的，在未经专利、实用新型或工业设计所有人同意并且明知其已经注册的情况下，制造、进口、使用、提供或销售此类权利所涵盖的产品或工艺的，处3年至6年监禁和等于或少于3倍于所获得的利益的罚金。

第394条　非法使用标志或注册商标

出于工业或商业目的，在未经显著性标志或注册商标所有人同意并且明知其已经注册情况下，实施以下任何行为之一的，处1年至4年监禁和不超过3倍于所获得的利益的罚金：

1）制造、生产、进口或储存包含与显著性标志相同、相似或容易与之混淆的标志的产品的；或者

2）提供、分销或销售包含与显著性标志相同、相似或容易与之混淆的标志的产品的。

街头摊贩或偶尔销售前款各项所指的产品的，处1年至3年监禁。

考虑犯罪人的特征和所获得或可能获得的经济利益数额较小，主管法院可以判处30日至150日罚金。

第 395 条　获取和披露工业或商业秘密

为了获取工业或商业秘密，以任何方式夺取数据、书面或电子的文书、计算机介质或涉及商业秘密的其他物品，拦截通信或者以任何其他非法方式获取所述秘密信息的，处 2 年至 4 年监禁和不超过 3 倍于所获得的利益的罚金。

为了自己的利益泄露或者利用由此获得的公司秘密的，按照前款规定的刑罚加重 1/3 处罚。

在未经所有人授权的情况下，对其合法获取但负有保密义务的商业秘密予以泄露或者利用的，处 2 年至 5 年监禁和不超过 3 倍于所获得的利益的罚金。

第三章　共同规定

第 396 条　特别的加重情节

犯前一章的犯罪，有下列情形之一的，刑罚应当加重 1/3：

1）考虑所获得的利益、造成的损害或非法制造物品的价值，该行为具有特殊的经济重要性的；

2）该行为是在有组织犯罪集团的框架内实施的；或者

3）利用未满 18 周岁的未成年人实施这些犯罪的。

第 397 条　法人的责任（废止）[1]

第二十二编　危害网络和计算机系统安全罪

第 398 条　未经授权访问计算机系统

在未经授权的情况下，破坏为防止这种情况而建立的安全措施，访问计算机系统的全部或部分的，处 6 个月至 18 个月监禁或者 100 日至 200 日罚金。

如果访问的系统涉及社会的基本结构或服务的，前款中的刑罚

---

[1]　被 2021 年 11 月 1 日第 93-2021 号法令废止。

应当加重 1/3。

第 399 条　破坏数据和计算机系统

在未经授权的情况下，以任何方式导入、删除、破坏、更改、清理计算机数据或使之严重到无法访问的，处 1 年至 2 年监禁或者 100 日至 300 日罚金。

在未经授权的情况下，使计算机系统的运行完全或部分地无法进行，妨碍对其的访问或使其无法开展任何服务的，处 1 年至 3 年监禁或者 100 日至 400 日罚金。

如果所规定的行为造成严重经济损失或者危害社会的基本结构或服务的，前两款规定的刑罚应当加重 1/3。

第 400 条　滥用设备

制造、进口、销售、提供或为使用而获取旨在用于或改造用于实施损毁计算机或非法访问计算机系统犯罪的设备、计算机程序、密码或访问代码的，处 6 个月至 1 年监禁或者 100 日至 200 日罚金。

第 401 条　身份欺诈

出于欺诈意图，通过信息和通信技术冒充自然人或法人的身份的，处 6 个月至 1 年监禁或者 100 日至 300 日罚金。

第 402 条　加重情节

实施本编犯罪的人具有下列情形之一的，刑罚应当加重 1/3：

1）如果犯罪人是系统的负责人或代理人或者被授权访问数据或计算机系统的人的；或者

2）犯罪人属于有组织的犯罪集团的。

对于本编规定的犯罪，在相应的刑罚之外，还应当并处期间相同的剥夺与行为相关的特定职业、行业、商业或工业资格。

如果犯罪是由公务员或公共雇员实施的，还应当在与前述情形相同条件下并处期间相同的剥夺特定的公共职权或职务资格。

第 403 条　法人的责任（废止）[1]

---

〔1〕 被 2021 年 11 月 1 日第 93-2021 号法令废止。

第 404 条　特别的管辖权规则

如果计算机犯罪的实施具有下列情形之一的，国家的法院应当处理该计算机犯罪：

1）在洪都拉斯实施，即使针对的是位于其领域外的数据或计算机系统的；或者

2）针对的数据或计算机系统位于洪都拉斯，即使犯罪人是在国家领域之外实施行为的。

第 405 条　法律定义

对于本编而言，相关术语应作以下理解：

1）计算机数据，是指以允许信息系统处理（包括使该功能得以执行的程序）的方式表达的信息（无论其内容）的基本单位；

2）计算机系统，是指允许通过程序自动处理计算机数据的互连或相关的一个或一组设备，其中包括其运行所需的硬件和软件；以及

3）计算机程序，是指计算机系统执行某一功能或任务或者获得特定结果所需的指令或指示序列。

第二十三编　危害社会经济秩序罪

第一章　欺诈性破产和无力偿付债务

第 406 条　欺诈性破产罪

商人或企业家为了逃避其对债权人承担的债务，在司法宣告破产前 1 年内，实施下列行为之一的，处 1 年至 3 年监禁和 2 倍于监禁期间的剥夺特定资格：

1）全部或部分地转移其财产，或隐匿、破坏或毁灭其财产，或者进行或虚构任何其他增加其负债或减少其资产的欺诈行为或交易的；

2）违反适用于商业会计账簿的规范，使得无法推断公司的真

实经济状况的；或者

3）不当地偏袒某一债权人，向其提供其无权获得的付款、担保或优先权的。

商人或者企业家在破产程序中实施上述行为的，处3年至5年监禁和2倍于监禁期间的剥夺全部资格。

第407条 特别的加重情节

如果有下列情形之一的，前条规定的监禁应当加重1/3：

1）考虑破产金额和债权人的处境，对一名或多名债权人造成严重损失的；

2）导致由公务员或公共雇员或政府部门任命的人员管理或领导的公共或国有公司破产的。在这种情况下，还应当并处2倍于监禁期间的剥夺特定资格；或者

3）导致信贷机构或属于国家金融系统的机构破产的。

第408条 转移财产

为了逃避支付或者履行债务，实施任何下列行为之一的，处以与对破产罪所规定的刑罚相同的刑罚：

1）在未提前15日以可靠的方式通知债权人的情况下隐匿、转让或抵押其财产，或者虚构转让或信贷的；

2）申报不存在的信贷、开销、债务或转让，损害他人利益的；或者

3）在既没有留下代表他的人也没有留下用于偿还债务的足够财产的情况下，移居国外的。

第409条 欺诈性无力偿付债务

民事破产中的非商人债务人，为了欺骗债权人，在宣告破产前1年内，实施本章前述各条规定的行为之一的，应当分别按照可适用的刑罚减轻1/3处罚。

第410条 金融机构的强制清算

本章前述条款的规定适用于受国家银行和保险委员会监管的实体或机构的强制清算程序框架内实施的欺诈性破产和无力偿付债务。

第 411 条　法人的责任（废止）[1]

第二章　危害经济、市场和消费者罪

第 412 条　减少原材料或其他产品的供应

出于蓄意损害消费者、断绝市场供应或者改变价格形成的目的，以任何方式减少原材料、基本必需的产品或服务或者金融产品的市场供应的，处 3 年至 5 年监禁和不超过 2 倍于所诈骗价值的罚金。

如果行为是利用严重困难或者灾难状况实施的，刑罚应当加重 1/3。

第 413 条　传播虚假消息或谣言和滥用内幕信息

出于改变或维持自由竞争产生的价格为目的，以某种方式传播影响任何类型的交易（包括证券或金融票据的行情）的虚假经济消息或谣言，为自己或第三人谋取利益超过 1 000 000 伦皮拉或导致相同金额的损害的，处 2 年至 4 年监禁和不超过 3 倍于所获得的利益或所致的损失价值的罚金。如果犯罪是由公务员、交易所或证券交易所代理人或者经纪人实施的，刑罚应当加重 1/3，并处 5 年以下剥夺特定公共职权或职务资格。

使用暴力、恐吓或欺骗手段，试图改变或维持自由竞争产生的价格，影响任何类型的交易（包括证券或金融票据的行情）的，处 2 年至 4 年监禁和 300 日至 500 日罚金。如果犯罪是由公务员、交易所或证券交易所代理人或者经纪人实施的，刑罚应当加重 1/3，并处 2 年至 5 年剥夺特定的公共职权或职务资格，但不影响对所实施的其他犯罪处以相应的刑罚。

出于将其价格固定在异常或人为水平的目的，利用特许信息进行交易或发出可能对证券或金融票据的供给、需求或价格提供误导性迹象的交易订单，或利用相同信息为自己或与他人合作确保在上述证券或票据市场上的支配地位的，处与前款相同的刑罚。

---

[1]　被 2021 年 11 月 1 日第 93-2021 号法令废止。

亲自或通过中间人利用因从事其职业活动而获悉的与进入有组织市场交易的任何类型的证券或票据的行情有关的任何信息,为自己或第三人谋取利益超过 1 000 000 伦皮拉或导致相同金额的损害的,处 2 年至 4 年监禁,并处不超过 3 倍于所获得的利益或所致的损失价值的罚金和 2 年至 5 年剥夺特定的职业、行业、商业或工业资格。

如果所获得的利益或者所造成的损害极其重大或者给社会公共利益造成严重损害的,刑罚应当加重 1/3。

第 414 条　投机倒把

出于为自己或第三人获取利润的目的,将商品或公共服务的价格提高到主管当局规定的价格之上的,处 2 年至 4 年监禁和不超过 2 倍于所诈骗价值的罚金。针对原材料、基本必需产品或服务或者金融产品实施的,刑罚应当加重 1/3。如果犯罪是由公务员、交易所或证券交易所代理人或者经纪人实施的,刑罚应当加重 1/3。

第 415 条　限制竞争的协议和行动

出于故意限制、减少、损害、阻碍或扭曲自由竞争的目的,协商确定价格、费率或折扣,或共同制定交易条件以全部或部分限制商品或服务的生产、分销、供应或营销,或按照地域、客户、供应部门或供应来源划分市场,或一致行动或协调立场参与或一致行动放弃参与公开、私人或司法的投标、报价、招标、拍卖的,处 4 年至 8 年监禁和不超过 4 倍于所获得的利益或所致的损失价值的罚金。

第 416 条　妨碍招标或拍卖过程

以暴力、胁迫、欺骗手段,妨碍公开或私人的招标或司法拍卖的过程的,处 3 年至 5 年监禁和 100 日至 500 日罚金。

第 417 条　法人的责任（废止）[1]

---

〔1〕 被 2021 年 11 月 1 日第 93-2021 号法令废止。

第三章　普通人之间的商业贿赂

第 418 条　普通人之间的商业贿赂

亲自或通过中间人，为商业企业、公司、协会、基金会或组织或其所有人、合伙人、经理或雇员获取不正当的利益或好处，以换取自己或第三人相对于其他人的优待，从而严重影响竞争的，处 2 年至 6 年监禁，并处 2 倍于监禁期间的剥夺特定工业或商业的资格和不超过 3 倍于利益价值金额的罚金。

商业企业或公司、协会、基金会或组织的所有人、合伙人、经理、雇员或合作人，针对商业行为，亲自或通过中间人，接受任何性质的不正当利益或好处，作为给予利益或好处的人交换相对于第三人的优待，严重影响竞争的，处以相同的刑罚。

第 419 条　体育运动中的贿赂

出于故意欺诈地预先确定或改变职业体育的比赛、测试或活动的结果的目的，任何法律形式的体育实体的经理、管理人、雇员或合作人以及运动员、裁判员或法官实施或者针对其实施前条所指的行为的，在其各自情形下适用前条的规定。

第 420 条　对预备行为的刑罚

共谋、提议或者煽动实施本章规定的犯罪的，应当按照既定刑罚减轻 2/3 处罚。

第 421 条　特别减轻

考虑到利润数额和利益价值较小和犯罪人在组织中的地位和职责重要性较低，主管法院可以按照相应刑罚减轻 1/3 处罚。

第四章　公司犯罪

第 422 条　伪造账目、财务信息或其他信息

已成立或正在组建的公司的事实上或法律上的管理人，以可能对公司、合作伙伴或第三人造成经济损失的方式伪造年度报表、财

务信息或应当反映该实体经济或法律状况的其他文书的,处1年至4年监禁,并处200日至600日罚金和2倍于监禁期间的剥夺特定资格。

如果造成经济损失的,刑罚应当加重1/3,但在适用本法典的其他规定招致更重的刑罚的情况下,应当适用该其他规定。

第423条　滥用性的管理

出于为自己或第三人谋取利益的目的,利用其在已成立或正在组建的公司合作伙伴或股东大会或管理机构中的多数地位,强制实施滥用性质的决议,损害其他合作伙伴或股东的利益并且没有给公司带来利益的,处1年至4年监禁或者不超过3倍于所获得的利益的罚金,并处与监禁相同期间的剥夺特定的职业、行业、商业或工业资格。

第424条　以虚构多数通过决议

通过实施下列任何行为获得虚构多数通过滥用决议,损害公司或某一合作伙伴利益的,前述刑罚应当加重1/3:

1) 剥夺被认可的依法拥有投票权的人的投票权的;
2) 给予依法缺乏投票权的人投票权的;
3) 滥用空白签名的;或者
4) 与上述类似的任何其他方式。

上述规定的适用,不影响对所实施的其他犯罪(如果有)处以相应的刑罚。

第425条　拒绝或阻碍监管机构的监督

受行政监管的或者在受行政监管的市场中经营的已成立或正在组建的公司的事实上或法律上的管理人,拒绝、阻止或妨碍检查或监督实体、团体或机构或负责这些职权的人的活动的,处1年至4年监禁,并处200日至400日罚金和2倍于监禁期间的剥夺特定的职业、行业、商业或工业资格。

第426条　起诉

对本编规定的行为,只能基于被害人或其法定代表人的控告进行起诉。如果被害人是未成年人、残疾人或者无依无靠的人的，也可以由检察官办公室提出控告。

如果犯罪的实施影响社会公共利益或不特定多数人的利益的，则不需要前款所要求的控告。

第 427 条　公司的概念

就本章而言，公司是指任何合作社、金融或信贷机构、基金会、商业公司或者持续参与交易活动的任何其他类似性质的实体。

第二十四编　走私与危害公共财政和社会保障罪

第一章　走私

第 428 条　走私[1]

未经主管当局许可，在未被启用或批准的地点从国家领域、海关设施、公共保税仓库、适用暂时进口制度的地点和免税区进口或出口任何种类、原产地或来源的货物或商品（无论其名义或用途），以任何方式逃避主管海关或税务当局的干预，如果货物或商品的价值等于或大于 5 倍最低工资或者通过有组织的犯罪集团实施走私（无论货物的价值如何）的，构成走私罪。

如果根据行为来看存在走私作为犯罪之一的想象竞合时，应当按照本法典第 29 条第 2 款的规定解决。

对特别立法禁止的违禁药品、前体、枪支、爆炸物，不适用走私罪的犯罪定型，应当适用最严重的犯罪。

就本条而言，如果货物或商品的价值等于或大于 5 倍最低工资的，下列行为也视为走私行为：

1）在不遵守进出口的法定条件或授权或者通过提供虚假数据、文书的方式获得授权的情况下，开展合法的商品贸易业务的；以及

---

[1]　被 2021 年 11 月 1 日第 93-2021 号法令修正。

2）在缺乏适当授权或提供虚假数据或文书以欺诈方式获得授权的情况下，拥有非供个人使用的外国商品的。

未经主管当局授权，破坏进入本国或从本国出口的货物或商品（无论运往国内还是国外）的封条、印章、标记、门、集装箱、运输和安全手段的，处以与走私罪相同的刑罚。

第 429 条　走私罪的刑罚[1]

犯走私罪的，处 4 年至 6 年监禁和作为犯罪对象的货物或物品价值 2 倍的罚金。

具有下列情形之一的，监禁刑加重 1/3，并处货物或者商品价值 3 倍的罚金：

1. 货物或商品的价值高于 15 倍最低工资的；
2. 责任人是以作为或不作为参与犯罪的公务员或公共雇员的。还应处以 5 年至 10 年剥夺特定的公共职权或职务资格；以及
3. 如果犯罪责任人是有组织犯罪集团的成员的。

如果货物或商品被认为具有成瘾性、有害性或损害健康，并且对其在共和国境内销售没有强制注册或事先授权的，则将下令没收并销毁。

在任何税收犯罪（无论是走私还是税收欺诈）中，如果尚未针对实施该犯罪的人开展调查，行为人支付国家未收到的款项并加上该价值的 50% 的，刑事责任消灭。

这些刑罚的判处，不影响对实施走私犯罪过程中所犯的具体犯罪处以相应的刑罚。

第 430 条　法人的责任（废止）[2]

第二章　危害公共财政罪

第 431 条　税收欺诈

通过作为或不作为欺骗公共财政，逃避支付税款、税贡、捐费、

---

[1] 被 2021 年 11 月 1 日第 93-2021 号法令修正。
[2] 被 2021 年 11 月 1 日第 93-2021 号法令废止。

规费或者已预扣或本应当被预扣的金额，或者获取因支付税款而预扣金额的不正当退还或者不正当的税收优惠，金额等于或大于 50 000 伦皮拉的，按照下列规定处罚：

1）如果所说的价值不超过 250 000 伦皮拉的，处 3 年至 6 年监禁和 120%于所诈取价值的罚金；以及

2）如果所说的价值超过 250 000 伦皮拉的，处 6 年至 10 年监禁和 140%于所诈取价值的罚金。

如果责任人加入有组织犯罪集团或与其合作的，前款各项规定刑罚加重 1/3。

在检察官办公室向主管法院提出请求之前，纳税人全额承认并支付税款及其附加费和利息的，可免除刑事责任。

第 432 条　补贴和援助欺诈

通过伪造获取补贴或援助的必要条件或者隐瞒妨碍获得此类补贴或援助的条件，从政府部门获得补贴或援助，金额等于或超过 50 000 伦皮拉的，构成补贴和援助欺诈罪。

将上述金额用于其获得补贴或援助的目的以外的用途的，也构成补贴和援助欺诈罪。

犯补贴和援助欺诈罪的，按照下列规定处罚：

1）如果所说的价值不超过 250 000 伦皮拉的，处 3 年至 6 年监禁和 120%于所诈取价值的罚金；以及

2）如果所说的价值超过 250 000 伦皮拉的，处 6 年至 10 年监禁和 140%于所诈取价值的罚金。

如果责任人加入有组织犯罪集团或者与其合作的，前述各款规定的刑罚应当加重 1/3。

如果在检察官办公室向主管法院提出请求之前，接受补贴或援助的人归还所收到的补贴或援助及其附加费和利息的，可以免除刑事责任。

第 433 条　会计犯罪

根据税法有义务保存商业记账、账簿或税务记录的人，无视该义务，进行掩盖公司真实情况、不记录经济业务或者虚假记录或反

映虚构业务的记账,如果为实施税收欺诈或补贴欺诈犯罪或危害社会保障或养恤金制度的犯罪提供便利的,处6个月至2年监禁。除该行为根据本法典的其他规定处以较重的刑罚外,适用本条规定。

第434条 法人的责任(废止)[1]

第三章 危害社会保障罪

第435条 社会保障或养恤金制度欺诈

以作为或不作为欺诈社会保障或养恤金制度,逃避缴纳相应会费或者以任何理由不当地获得退还或扣减,金额达到或超过50 000伦皮拉的,构成社会保障或养恤金制度欺诈罪。

就前述金额的认定而言,使用4个自然年内的诈取总额进行认定。

对第一款规定的行为的,应当按照下列规定处罚:

1)如果所说的价值不超过250 000伦皮拉的,处6年至8年监禁和相当于诈骗价值120%的罚金。

2)如果所说的价值超过250 000伦皮拉的,处8年至10年监禁和相当于诈骗价值140%的罚金。

如果义务人在主管当局实施请求付款、访问命令或任何其他旨在核实征收规定履行情况的管理措施之前,完全承认并支付欠款及其附加费用和利息的,所规定的上述刑罚应当减轻1/2。

第436条 非法侵占会费或缴款

侵占社会保障或养恤金制度的会费或缴款,或者同意他人侵占的,处10年至15年监禁,并处15年至20年剥夺特定公共职权或职务资格和200%于非法侵占财产价值的罚金。

第437条 法人的责任(废止)[2]

---

[1] 被2021年11月1日第93-2021号法令废止。
[2] 被2021年11月1日第93-2021号法令废止。

第二十五编 窝藏赃物和洗钱

第438条 窝藏赃物

没有作为正犯或共犯参与犯罪的人，出于获取利益的目的，在明知犯罪实施的情况下，帮助该犯罪的责任人利用来源于犯罪的财产或物品，或者接受、获取或隐藏这些物品的，应当按照该财产或物品所来源的犯罪的刑罚减轻1/3处罚。

第439条 洗钱[1]

对作为由其本人或第三人实施的任何重罪以及任何情形下的非法贩运毒品、贩运人口、非法偷运人口或枪支、伪造货币、贩运人体器官、盗窃或者抢劫机动车、抢劫金融机构、金融诈骗或欺诈、绑架、胁迫、敲诈勒索、强迫交易、资助恐怖主义、恐怖主义、贪污公共财产、贿赂、影响力交易、侵犯知识产权和工业产权犯罪、破坏文化遗产犯罪、性剥削和儿童淫秽物品的犯罪、市政建设犯罪、开发自然资源和环境资源的犯罪、走私罪的直接或间接收益的财产或者其来源没有原因或者经济或法律上的正当理由的财产，亲自或通过中间人予以获取、变换、投资、拥有、使用、加工、保护、管理、看守、运输、转让、保存、转移、隐藏，赋予其合法性表象或者妨碍确定来源或真实性质以及位置、目的地、转移或所有权的，构成洗钱罪。

对前款规定的行为，应当按照下列规定处罚：

1）如果被洗钱对象的价值不超过2 000 000伦皮拉的，处6年至8年监禁和相当于所述价值50%的罚金；

2）如果被洗钱对象的价值超过2 000 000伦皮拉但不超过5 000 000伦皮拉的，处8年至10年监禁和相当于所述价值100%的罚金；以及

3）如果被洗钱对象的价值超过5 000 000伦皮拉的，处10年至

---

[1] 被2021年11月1日第93-2021号法令修正。

13 年监禁和相当于所述价值 150% 的罚金。

如果与行为责任人存在人身或家庭关系的人占有或使用该无权财产的，前款各项规定的刑罚应当减轻 1/2。

在下列情形下，上述刑罚应当加重 1/4：

1）如果财产或资产来自与贩运毒品、恐怖主义、强迫交易有关的犯罪或性剥削犯罪的；

2）如果通过有组织的犯罪集团实施洗钱活动的。如果责任人是有组织犯罪集团的发起者、首脑、领导者或首要分子的，则刑罚应当加重 1/3；或者

3）如果负责人是在履行其职业的指定的金融部门或非金融部门的、证券交易或银行业的专业人员或在履行其职务的公务员或公共雇员的。在这种情况下，还应当处以 2 倍于监禁期间的剥夺全部资格。

第 440 条　过失洗钱

如果因严重过失实施前条所指的行为的，处 1 年至 5 年监禁和 200 日至 500 日罚金。

第 441 条　对预备行为的刑罚

共谋、提议或者煽动实施洗钱罪的，应当按照相应刑罚减轻 2/3 处罚。

第 442 条　借名

在涉及获取、转让或管理直接或间接来自洗钱罪所指任何活动的财产的真实或虚构的民事或商事性质的行为或合同中出借其姓名的，处 3 年至 8 年监禁和 200 日至 500 日罚金。

第 443 条　背信

反洗钱立法规定的义务主体，向任何人告知主管当局已要求提供信息或已向其提供信息的事实的，处 1 年至 3 年监禁。

义务机构的董事、所有人或者法律上或事实上的代表人违反明示的禁止的，也构成本罪。

第 444 条　法人的责任（废止）[1]

第 445 条　管辖权的范围

即使前几条所指的财产所来源的犯罪或应受惩罚的行为全部或部分实施于国外，对该洗钱罪的责任人也应当同样予以处罚。

第 446 条　刑罚

本编规定的刑罚的判处，不影响对被洗钱对象所来源的犯罪处以相应的刑罚。

第二十六编　危害公共信用罪

第一章　伪造货币

第 447 条　伪造货币

变造、非法或欺诈地生产货币或者制造假币的，处 6 年至 10 年监禁和不超过 10 倍于货币面值的罚金。出于所有目的，伪造的货币是指由洪都拉斯中央银行以外的个人或实体制作的、意图替代常规货币作为法定货币的物品或文书。

货币是指作为法定货币的金属货币和纸币。具有相同性质的外国货币，视同于本国货币。

第 448 条　贩运假币

在明知是伪造或者变造的情况下，将伪造的、变造的或非法或欺诈地生产的货币予以销售、流通、分销、引入我国或出口的，处与伪造货币相同的刑罚。

第 449 条　意图流通持有假币

意图发行或分销，获取或接受伪造的、变造的或非法或欺诈地生产的货币的，处 5 年至 8 年监禁。

---

[1]　被 2021 年 11 月 1 日第 93-2021 号法令废止。

第 450 条　制造或持有伪造货币的工具

制作或拥有性质或目的上专门用于伪造货币的用具、材料、器械、设备、物质、数据、计算机程序或其他工具的，处 4 年至 6 年监禁。

第 451 条　特别的加重情节

如果犯罪人属于专门实施本章所列犯罪的有组织犯罪集团的，应当按照规定的相应刑罚加重 1/3 处罚。

如果本章规定的犯罪的犯罪人是执行职务的公务员或公共雇员的，还应当并处 10 年至 15 年剥夺特定的公共职权或职务资格。

第 452 条　国际累犯

外国法院对与本章规定的犯罪性质相同的犯罪的有罪判决能产生累犯的后果，除非该犯罪前科已经被撤销或根据洪都拉斯法律可以被撤销。

第二章　伪造邮票和其他盖有邮戳的物品

第 453 条　伪造邮票和其他盖有邮戳的物品

变造或欺诈地制作邮票和其他盖有邮戳的物品，或者制造任何种类的伪造的盖有邮戳的物品的，处 2 年至 5 年监禁。

原始邮票的重复使用，视同于伪造的邮票。

第 454 条　贩运伪造的邮票和其他盖有邮戳的物品

没有参与其伪造的人，将伪造的邮票和其他盖有邮戳的物品予以零售、流通、分销或引入本国的，处与伪造邮票和其他盖有邮戳的物品相同的刑罚。

第 455 条　特别的加重情节

如果犯罪人属于专门实施本章所列犯罪的有组织犯罪集团的，应当按照规定的相应刑罚加重 2/3 处罚。

如果本章规定的犯罪的犯罪人是执行职务的公务员或公共雇员的，还应当并处 5 年至 8 年剥夺特定的公共职权或职务资格。

第三章 伪造文书

第 1 节 伪造公文书和商业文书

第 456 条 伪造公文书和商业文书

实施下列行为之一的,构成伪造公文书和商业文书罪:

1) 修改、销毁、删除或隐藏文书中的任何实质要素的;

2) 全部或部分地模仿文书,从而导致对其真实性的错误认识的;或者

3) 对事实的叙述缺乏真实性或者插入与真实情况不同或尚未发生过的声明或表示,从而导致对文书的任何实质要素的真实性的错误认识的。

犯前述各项规定的伪造罪的,如果是商业文书,处 2 年至 5 年监禁和 240 日至 400 日罚金;如果是公文书,处 4 年至 8 年监禁和 300 日至 500 日罚金。

第 457 条 神职人员的责任

神职人员针对与宗教行为有关的可能对人的身份或民事秩序产生效力的文书实施前条规定的任何行为的,除了伪造罪的刑罚外,还应当处 5 年至 10 年剥夺从事上述行为的资格。

第 458 条 公务员或公共雇员的责任

如果本法典第 456 条所规定的伪造罪的犯罪人是正在履行职责的公务员或公共雇员的,还应当处 6 年至 12 年剥夺特定的公共职权或职务资格。

履行职责时的公务员或公共雇员因重大过失,实施本法典第 456 条规定的任何伪造行为或者导致他人实施此类行为的,处 1 年至 3 年监禁或者 100 日至 300 日罚金,并处 1 年至 5 年剥夺特定的公共职权或职务资格。

第 459 条 使用伪造的文书

没有参与伪造的人,使用本法典第 456 条所指的伪造文书,向

法庭出示或者对第三人造成损害的，应当按照对伪造罪规定的监禁刑减轻 1/3 处罚。

第 460 条　贩运伪造的身份证件

没有参与伪造的人，以任何方式贩运虚假身份证件的，应当处与本法典第 456 条规定相同的刑罚。

第 2 节　伪造私文书

第 461 条　伪造私文书

为了损害他人利益，在私文书中实施本法典第 456 条规定的任何伪造的，处 1 年至 3 年监禁。

第 462 条　使用伪造的私文书

没有参与伪造的人，使用前条所指的伪造文书在审判中提交或对第三人造成损害的，应当按照对伪造罪规定的刑罚减轻 1/3 处罚。

第 3 节　伪造信用卡、借记卡、旅行支票和金融票据

第 463 条　伪造银行卡和旅行支票

变造、复印、仿造或以任何其他方式伪造银行信用卡、银行借记卡、旅行支票和金融系统支票的，应当按照对伪造货币罪规定的刑罚处罚。

在洪都拉斯销售住所地不在本国的运营商在国外发行的信用卡，并在洪都拉斯作为该信用卡的配售代理行事的，应当按照前条所指的刑罚处罚。

第 464 条　贩运伪造的银行卡或旅行支票

未参与其伪造的人，零售或分销伪造的银行信用卡、银行借记卡或旅行支票的，应当按照对伪造货币罪规定的刑罚处罚。

第 465 条　意图流通持有伪造的银行卡或旅行支票

意图用于零售或分销，获取或接受伪造的银行信用卡、银行借记卡或旅行支票的，处 5 年至 8 年监禁。

第 466 条　制造或持有用于伪造银行卡和旅行支票的工具

制作或拥有性质或目的上专门用于伪造的用具、材料、器械、

设备、物质、数据、计算机程序或其他工具的，处 4 年至 6 年监禁。

第 467 条　伪造金融票据

作为发行在证券市场交易的证券的公司的事实上或法律上的管理人，出于配置任何类型的金融资产或通过任何方式获得融资的目的，伪造任何金融票据发行手册中包含的经济财务信息，损害他人利益的，处 2 年至 5 年监禁和 350 日至 700 日罚金。

在未经授权的情况下擅自从事证券业务，或在未在登记册中进行相应注册的情况下以证券代理机构身份开展活动，或未经登记的情况下声称在证券市场进行交易的，应当处前款规定的刑罚。

如果有下列情形的，刑罚应当加重 1/3：

1）获得投资、存款、资产配置或融资的；或者
2）造成的损害显著严重的。

第 468 条　特别的加重情节

如果犯罪人属于专门实施本节所列犯罪的有组织犯罪集团的，应当按照各种情形下的既定刑罚加重 1/3 处罚。

第 469 条　法人的责任（废止）[1]

第四章　人身伪造罪

第 470 条　篡夺他人身份

出于为自己或第三人谋取利益或对他人造成伤害的目的，篡夺他人的身份或合法识别他人的属性或品质的，处 1 年至 4 年监禁。

第 471 条　僭行公共职权

冒充公务员或公共雇员身份，非法实施公务员或公共雇员的行为的，处 1 年至 4 年监禁。

第 472 条　非法从事职业

在不具备根据现行立法要求的相应学术学位或相应授权的情况

---

[1] 被 2021 年 11 月 1 日第 93-2021 号法令废止。

下，从事职业活动的，处 1 年至 3 年监禁。

第 473 条　不当使用警察或军队的制服、标志和装备

在未经授权的情况下，公开地使用国家治安和侦查总队或者武装部队专用的制服、标志章或装备的，处 2 年至 4 年监禁和 200 日至 400 日罚金。

如果前款规定的制服、标志或者装备被用于便利或者掩饰犯罪的实施的，处 4 年至 8 年监禁。如果出于上述目的而持有这些物品的，处 2 年至 4 年监禁。

第二十七编　妨害公共管理罪

第一章　贪污公共财产

第 474 条　侵占型贪污

公务员或公共雇员为了自己或第三人的利益，直接或间接地侵占因其职权或与其职权有关而委托其管理、占有或保管的国家财产的，处 4 年至 6 年监禁，并处不超过 3 倍于贪污价值金额的罚金和 2 倍于监禁期间的剥夺全部资格。

第 475 条　使用型贪污

公务员或公共雇员不当使用或者允许他人使用因其职权而委托其管理、占有或者保管的国家财产，因此对公共财产造成损害的，处 4 年至 6 年监禁，并处不超过 3 倍于挪用价值金额的罚金和 2 倍于监禁期间的剥夺全部资格。

第 476 条　挪用型贪污

公务员或公共雇员将国家财产不当地用于被正式授权的用途以外的用途，因此对公共财产造成损害的，处 4 年至 6 年监禁，并处不超过 3 倍于贪污价值金额的罚金和 2 倍于监禁期间的剥夺全部资格。

第 477 条　背信管理公共财产

公务员或公共雇员在前述情形以外超越行使其管理公共财产的权力，侵犯公共财产并因此对所管理的财产造成损害的，处 4 年至 6 年监禁，并处不超过 3 倍于损失价值金额的罚金和 2 倍于监禁期间的剥夺全部资格。

第 478 条　特别的加重情节

如果贪污或所造成的损失超过 100 000 伦皮拉的，对前述各条所指的行为，处 6 年至 9 年监禁，并处不超过 4 倍于贪污价值金额的罚金和 2 倍于监禁期间的剥夺全部资格。

如果有下列情形之一的，应当按照每一种情形下相应规定的刑罚加重 1/3 处罚：

1）行为针对具有历史、文化或艺术价值的公共财产实施的；或者

2）行为针对用于基本必需品、卫生或社会福利机构的公共服务的财产实施的。

第 479 条　特别减轻

如果有下列情形之一的，前述各条规定的刑罚可被减轻至 2/3：

1）所造成损失或者被贪污财产的价值低于 20 000 伦皮拉的；或者

2）该主体在对其进行调查之前已归还财产或者赔偿所造成的损失的。

第 480 条　过失贪污

公务员或公共雇员因严重过失，丢失、损毁或者允许他人非法夺取因其职权或与其职权有关而委托其管理、占有或保管的国家财产，因此对公共财产造成的损害超过 20 000 伦皮拉的，处 6 个月至 3 年监禁，并处不超过 2 倍于所导致损失金额的罚金和 1 年至 4 年剥夺特定的公共职权或职务资格。

第 481 条　共同规定

本章的规定扩张适用于下列情形：

1）掌管公共管理部门的任何概念的基金、年金、资产或财产的人；

2）管理国有资产或财产或者通过国家预算项目接收用于公共服务的资金转账的个人或民事实体，包括工会、政党、农民联合公司、合作社、赞助人、慈善团体、体育团体和宗教团体；以及

3）公共当局委托其保管金钱或财产（即使它们属于个人）的管理人或保管人。

对本章的规定而言，国有财产，是指任何类型的公共所有财产、由国家管理或保管的私有财产以及证明对这些财产的所有权或其他权利的法律文件或文书。

第二章 欺诈和非法征敛

第482条 欺诈

公务员或公共雇员利用其职务便利介入任何形式的公共采购或者公共财产或资产的清算，与利害关系人达成协议或者使用其他手段欺骗任何公共实体的，处5年至7年监禁，并处不超过3倍于诈骗价值金额的罚金和2倍于监禁期间的剥夺全部资格。

普通人出于前款的目的，与公务员或公共雇员签订协议的，处相同的监禁和罚金，并处2倍于监禁期间的剥夺获得公共补贴和援助、与公共部门签订合同以及享受税收优惠或奖励或社会保障的资格。

第483条 非法征敛

公务员或公共雇员为了自己或第三人，直接或间接地要求支付不应有的或者超过法定数额的税款、捐费、关税、规费或者任何其他款项的，处3年至6年监禁和2倍于监禁期间的剥夺特定的公共职权或职务资格。

上述刑罚的判处，不得影响对使用暴力或者用于收取非法税费的强制或恐吓手段处以相应的刑罚。

第三章 资产非法增加

第 484 条 资产非法增加

公务员或公共雇员在履行其职责期间以及在停止履行职责后 2 年内财产增加超过其合法收入 500 000 伦皮拉并且无法合理地证明其原因的,处 4 年至 6 年监禁,并处不超过 3 倍于非法增加的资产金额的罚金和 2 倍于监禁期间的剥夺全部资格。

如果资产非法增加的数额超过 1 000 000 伦皮拉的,对前款所指行为,监禁加重 1/3,并处不超过 4 倍于非法增加的资产金额的罚金和 2 倍于监禁期间的剥夺全部资格。

第四章 与履行公共职权不相容的交易和滥用职权

第 485 条 公务员或公共雇员的不相容交易

因为其职务必须介入任何类型的合同、事项、经营或活动的公务员或公共雇员,为自己或第三人,利用这种情况以强迫或便利于直接或通过中间人以任何形式参与此类业务或活动的,处 3 年至 5 年监禁,并处不超过 3 倍于所获得或追求利益金额的罚金和 2 倍于监禁期间的剥夺特定的公共职权或职务资格。

第 486 条 技术员、仲裁员和会计师的不相容交易

鉴定人、仲裁员和会计师针对参与估价、分割或裁决的财产或物品,监护人、保佐人或遗嘱执行人针对属于受监护人或遗嘱人的财产或物品,以及破产管理人对破产或无力偿债财产中包含的财产和权利,以前条规定的方式实施行为的,处 3 年至 5 年监禁,并处不超过 3 倍于所获得或追求利益金额的罚金和 2 倍于监禁期间的剥夺特定公共受雇或职务、职业或行业、监护、保护或保佐资格(视情况而定)。

第 487 条 非法咨询

在法律或法规允许的情况以外,公务员或公共雇员自己或通过

中间人长期或临时从事隶属或服务于私人实体或个人的职业活动或咨询活动，而该活动属于因为其职务而应当介入或已经介入的事务或者在他所任职或隶属的机关或管理单位处理、裁决、报告或解决的事务之中的，处100日至400日罚金和1年至3年剥夺特定的公共职权或职务资格。

第488条　利用内幕信息

公务员或公共雇员利用其因其行业或职位而特别知悉的秘密或信息，为自己或第三人获取经济利益的，处不超过3倍于所获得、追求或促进的利益金额的罚金；如果利益无法确定数额的，处400日罚金。此外，还应并处3年至5年剥夺特定的公共职权或职务资格。

如果上述行为给公共事业造成严重损害的，处1年至3年监禁，并处不超过4倍于前述利益或所致损失金额的罚金和4年至6年剥夺全部资格。

第489条　要求实施含有性内容的行为

公务员或公共雇员为了自己或与他有亲属关系或情感联系的第三人的利益，以任何方式对有待解决、裁决、报告或处理的要求的人提出性要求的，处1年至2年监禁，并处100日至200日罚金和5年至10年剥夺全部资格。

被委派到监狱机构或少年犯保护或收容中心的官员或公职人员，对受其看管的人或与被看管人有亲属关系或感情关系的第三人提出性要求的，处2年至4年监禁，并处200日至300日罚金和6年至12年剥夺全部资格。

前述各款规定的刑罚，不影响对实际实施的侵犯性自主犯罪处以相应的刑罚。

第五章　影响力交易

第490条　公务员实施的影响力交易

公务员或公共雇员利用其职务权力的行使或源自与其或与另一

公务员或公共雇员的人际关系或等级关系而产生的任何其他状况，影响另一公职人员或雇员，以获得可能直接或间接为他本人或第三人产生任何性质的不正当的利益或优势的公共性质的行为或决议的，处 2 年至 5 年监禁，并处 100 日至 300 日罚金和 2 倍于监禁期间的剥夺全部资格。

如果获得所预期的利益的，刑罚加重 1/3。

第 491 条　普通人实施的影响力交易

普通人利用源自与其或与另一公务员或公共雇员的人际关系而产生的任何状况，影响该公职人员或雇员，以获得可能直接或间接为他本人或第三人产生任何性质的不正当的利益或优势的公共性质的决议的，处 1 年至 3 年监禁，并处 100 日至 300 日罚金和 2 倍于监禁期间的剥夺获得公共补贴和援助、与公共部门签订合同以及享受税收优惠或奖励或社会保障的资格。

如果获得所预期的利益的，刑罚加重 1/3。

第六章　贿赂

第 492 条　背职受贿

公务员或公共雇员为了自己或第三人的利益，亲自或通过其他的人员或实体收受、索取或接受任何种类的礼物、赠品、许诺或报酬，以在职责履行中实施违反其职责固有义务的行为或者不实施或无理地拖延应当实施的行为的，处 3 年至 7 年监禁，并处不超过 3 倍于礼物或报酬价值的罚金和 2 倍于监禁期间的剥夺全部资格。

如果因报酬或承诺而被实施、不实施或延迟的行为构成刑事犯罪的，刑罚加重 1/3。这不影响同时对所实施的犯罪或违警罪处以相应的刑罚。

第 493 条　履职受贿

公务员或公共雇员为了自己或第三人的利益，亲自或通过中间人收受、索取或接受任何种类的礼物、赠品、许诺或报酬，以实施其职务行为的，处 3 年至 6 年监禁，并处不超过 3 倍于礼物或报酬价值的罚金和 2 倍于监禁期间的剥夺全部资格。

第 494 条　事后受贿

如果礼物、赠品、许诺或报酬是作为对上述条文规定的行为的补偿而被公务员或公共雇员收受、索取或接受的，应当在相应情况下处前述各条规定的刑罚。

第 495 条　以职务为对价的受贿

公务员或公共雇员为了自己或第三人的利益，亲自或通过中间人接受可能作为其职务或职权的对价而提议给予的礼物或赠品的，处 6 个月至 2 年监禁，并处 100 日至 200 日罚金和 1 年至 3 年剥夺特定的公共职权或职务资格。

就本条而言，获得相当于数额超过 5000 伦皮拉的经济利益即被认为构成礼物或赠品。

第 496 条　行贿

出于上述各条规定的目的，亲自或通过中间人向公务员或公共雇员提议给予或交付任何种类的礼物、赠品、许诺或报酬的，处以与各种情形中的腐败公务员或公共雇员相同的监禁和罚金，并处 2 倍于监禁期间的剥夺获得公共补贴和援助、与公共部门签订合同以及享受税收优惠或奖励或社会保障的资格。

如果为了贿赂外国公务员或公共雇员而实施前述行为的，处相同的刑罚。

第 497 条　勒索贿赂

公务员或公共雇员滥用其职务或职权，要求、强迫、强制或诱使某人向该公务员或公共雇员或者第三人给予或许诺给予金钱或任何其他不当利益的，处 5 年至 7 年监禁，并处 100 日至 400 日罚金和 2 倍于监禁期间的剥夺全部资格。

第七章　管理渎职

第 498 条　管理渎职

公务员或公共雇员在明知其不公正的情况下，对行政事项作出任意的决定的，处 5 年至 10 年剥夺特定的公共职权或职务资格。

如果任意的决定明显不公平并且因严重过失而作出的，处 3 年至 5 年剥夺特定的公共职权或职务资格。

第八章 滥用权力和违背公务员义务

第 499 条 滥用权力

公务员或公共雇员实施下列行为之一的，构成滥用权力罪，处 3 年至 6 年剥夺特定的公共职权或职务资格：

1）公开地拒绝遵守已履行相应法律手续的主管当局的司法裁判、决定或命令的。尽管有前述规定，不遵守清晰、明显和确定违反任何法律规定的命令的，不承担刑事责任；

2）不当忽略、拒绝或延迟履行职权的任何行为的。如果行为涉及司法、公共秩序、教育、公共卫生并且需要立即履行的任务的，刑罚应当加重 1/3；

3）在主管当局提出要求时，不就司法管理或其他公共服务提供应有的合作的；以及

4）在个人要求其提供某些帮助以避免犯罪或其他危害时，因其职务原因有义务提供而不提供的。

第 500 条 提前、逾期和抛弃行使公共职权

在未满足法律规定的条件的情况下，开始履行公共职务或公共受雇的，处 1 年至 3 年剥夺特定的公共职权或职务资格和 100 日至 300 日罚金。

公务员或公共雇员提议、任命或授予不符合法律规定条件的人员以公共职务或公共受雇的，处 5 年至 10 年剥夺特定的公共职权或职务资格和 100 日至 300 日罚金。

在依法本来应当终止的情况下继续履行公共职权或职务的，处与前款相同的刑罚。

公务员或公共雇员在未获准辞职的情况下离职的，处 1 年至 3 年剥夺特定的公共职权或职务资格和 100 日至 300 日罚金。

第九章　文书保管背信和侵犯秘密

第501条　对保管的文书进行盗窃、损毁、隐匿或使之无法使用

公务员或公共雇员对因其职务而委托其保管的文书，故意地全部或部分予以盗窃、损毁、隐匿或使之无法使用的，处2年至4年监禁，并处200日至400日罚金和5年至10年剥夺特定资格。

第502条　为损毁保管的文书提供便利

因其职务而受托保管主管当局限制查阅的文书的公务员或公共雇员，对用于阻止这种查阅的工具故意地予以损毁或使之无法使用或者同意其被损毁或者陷入无法使用的，处1年至2年监禁，并处100日至200日罚金和3年至5年剥夺特定资格。

普通人对前款所指的工具进行破坏或使之不能使用的，处50日至100日罚金。

第503条　获取秘密文书

前条未包括的公务员或公共雇员，对因其职务而委托其保管的秘密文书，在明知且未经正当授权的情况下进行查阅或允许查阅的，处200日至400日罚金和5年至10年剥夺特定公共职权或职务资格。

第504条　普通人的责任

受政府、当局或因其职务而受委托的公务员的临时委托发送或保管文书的普通人，实施前几条中规定的行为的，应当处以与前几条相同的刑罚。

第505条　泄露秘密

公务员或公共雇员对其因其职业或职务而知悉并且不应泄露的信息予以泄露的，处6个月至1年监禁，并处400日至800日罚金和3年至6年剥夺特定的公共职权或职务资格。如果所泄露的信息是根据现行法律作为秘密予以保护的，处2年至4年监禁，并处400日至800日罚金和3年至6年剥夺特定的公共职权或职务资格。

如果前款所指的泄露对公共事业或第三人造成严重损失的，刑罚加重 1/3。

如果是个人秘密的，处 2 年至 4 年监禁，并处 400 日至 800 日罚金和 3 年至 6 年剥夺特定的公共职权或职务资格。

第 506 条　使用秘密或特许信息

从公务员或当局获得秘密或特许信息的普通人，因而为自己或第三人获取不正当利益的，处 6 个月至 1 年监禁，并处不超过 3 倍于所获得或追求的利益金额的罚金和 2 年至 4 年剥夺获得公共补贴和援助、与公共部门签订合同以及享受税收优惠或奖励或社会保障的资格。

如果对公共事业或第三人造成严重损失的，刑罚加重 1/3。

第十章　篡夺职权和冒充职务

第 507 条　普通人的篡夺职权和冒充职务

在未经合法授权的情况下，冒充官方身份实施公务员或公共雇员的行为的，处 6 个月至 2 年监禁和 100 日至 200 日罚金。

第十一章 共同规定

第 508 条　特别的加重情节

具有下列情形之一的，本编规定的刑罚最多可以加重 1/4：
1）该犯罪对公共服务造成严重损害的；或者
2）该行为是在一个有组织的犯罪集团内实施的。

第 509 条　对预备行为的刑罚

共谋、提议或者煽动实施妨害公共管理罪的，应当按照相应的刑罚减轻 1/3 处罚。

第 510 条　与当局的有效合作

如果本编规定行为的犯罪人与当局有效合作，以阻止妨害公共管理罪的实施或减轻其后果，或提供或获取其他已实施犯罪的证据，或查明、抓捕或起诉其他责任人的,所处的刑罚最多可以减轻 2/3。

第 511 条　法人的责任（废止）[1]

第 512 条　国际累犯

外国法院对与本编规定的犯罪性质相同的犯罪的有罪判决能产生累犯的后果,除非该犯罪前科已经被撤销或根据洪都拉斯法律可以被撤销。

第二十八编　妨害司法管理罪

第一章　妨害司法追诉罪

第 513 条　窝藏

明知犯罪的实施但未参与该犯罪的人,随后介入帮助该犯罪的责任人,有下列情形之一的,应当按照对所窝藏的犯罪的监禁刑减轻 2/3 处罚:

1) 对尸体、物品、器具或任何其他证明他们有罪的证据予以隐藏、篡改或使之无法使用,从而妨碍或阻止其被发现的;

2) 帮助责任人逃避犯罪调查或逃避司法追诉的;或者

3) 帮助责任人使他们从所实施的犯罪中受益或获得利润的。

如果窝藏者是滥用职权的公务员或公共雇员的,应当判处前述刑罚的上限,并处 2 年至 4 年剥夺特定的公共职权或职务资格。

如果窝藏是惯常实施的或者为了赏金、酬劳或报酬许诺而实施的,刑罚加重 1/3。

第 514 条　免除责任

如果被窝藏者是其配偶或与其保持类似性质的稳定关系的人、四等以内血亲尊亲属或卑亲属、二等以内姻亲尊亲属或卑亲属、兄弟姐妹的,对窝藏者免处刑罚,但前条第 1 款第 3 项所指的窝藏者

---

[1]　被 2021 年 11 月 1 日第 93-2021 号法令废止。

除外。

第515条　不履行追诉犯罪的义务

公务员或公共雇员不履行其职务义务，不推动或停止推动对其所知悉的犯罪或犯罪的责任人进行追诉，或者不执行预防措施或确保它们符合法官所宣布的规定的必要程序的，处3年至6年剥夺特定的公共职权或职务资格。

第二章　妨碍司法运行罪

第516条　司法渎职

法官或法院故意地作出不公正的裁判的，处3年至6年监禁和15年至20年剥夺特定的公共职权或职务资格。

如果该裁判明显不公正并且是由于严重过失而作出的，处3年至5年剥夺特定的公共职权或职务资格。

第517条　拒绝审判

在没有合法理由或声称法律含糊不明、缺乏规定或搁置的情况下，法官或法院拒绝作出判决的，处2年至5年剥夺特定的公共职权或职务资格和100日至200日罚金。

第518条　恣意地行使自己的权利

不通过合法途径，而是使用暴力、恐吓或对物的强制行使自己的权利的，处6个月至1年监禁。

如果在实施行为时使用武器或危险物品进行恐吓或暴力，刑罚应当加重1/3，但不影响对所实施的恐吓或暴力处以相应的刑罚。

第519条　提供虚假证言

司法案件中的证人提供虚假证言的，处5年至7年监禁和100日至400日罚金。

鉴定人、口译人、笔译人和技术顾问提供虚假证言的，处相同的刑罚，并处5年至10年剥夺特定的职业、行业、商业或工业资格。

第 520 条　在刑事诉讼过程中恐吓证人和其他参与人

以暴力或恐吓手段,试图影响诉讼程序中的控告人、当事人、被告人、律师、检察官、证人、鉴定人或翻译人,以便改变他们的诉讼行为的,处 5 年至 7 年监禁和 300 日至 500 日罚金。

如果实现其目的的,前款规定的刑罚加重 1/3。作为对第 1 款所述主体在司法程序中的行为的报复,实施任何危害生命、身体完整、自由、性自主或财产的行为的,处相同的刑罚,但不影响对所实施的犯罪处以相应的刑罚。

第 521 条　披露受保护证人的身份

明知某人是受保护证人的身份的人,披露其个人资料、行踪或任何其他危及其保护的情况的,处 4 年至 6 年监禁。

如果披露上述数据的主体是公务员或公共雇员的,除第 1 款规定的刑罚外,并处 2 倍于监禁期间的剥夺特定的公共职权或职务资格。

第 522 条　不登记顾客及其身份

提供通信服务的公司和机构的所有人或其委托人,忽略特别立法规定的登记或识别其客户的义务的,处 700 日至 1000 日罚金。

如果根据本法典第 102 条的规定,法人对本罪承担责任的,处 1000 日至 2000 日罚金。

第三章　妨害司法权威罪

第 523 条　司法强迫

以暴力或恐吓方法,限制主管法院或检察官办公室的行动以获得有利的决定或裁判的,处 5 年至 10 年监禁和 500 日至 1000 日罚金。

第 524 条　贿赂诉讼当事人

向证人、鉴定人、顾问、口译人或笔译人给予、提议给予或许诺给予金钱或任何其他利益,以便他们作伪证的,除该行为根据本法典其他规定处以更重的刑罚外，处 2 年至 4 年监禁。

第 525 条　不服从检察机关或者法院的令状

有法律义务出庭的人，在已被主管法院或检察官办公室第二次合法传唤后，无合法理由不出庭的，在不影响遵守该令状义务的情况下，处 300 日至 500 日罚金。

第 526 条　违反判决或处分

违反性别暴力诉讼中作出的判决、收容保安处分、司法拘留、审前羁押或预防措施的，处 2 年至 4 年监禁。

正在服剥夺自由刑的主体，以暴力或恐吓手段从羁押场所逃跑、越狱或者参加骚乱的，应当按照前款规定的刑罚加重 1/3 处罚，但不影响对其他犯罪处以相应的刑罚。

如果脱逃人从脱逃时起满 15 日之前向当局或脱逃地点投案的，应当按照前款规定的刑罚减轻 2/3 处罚。

第 527 条　支持脱逃

负责看管或守卫正在服刑的人的公务员或公共雇员，寻求、便利或允许被合法羁押或判刑的人脱逃的，处 5 年至 10 年监禁，并处 300 日至 500 日罚金和与监禁期间相同的剥夺特定的公共职权或职务资格。

如果罪犯是脱逃人的尊亲属、卑亲属、配偶或与其保持类似性质稳定关系的人或者兄弟姐妹的，监禁刑期间为 3 年至 6 年。

第四章　妨害司法制度罪

第 528 条　虚假控告或者指控

在明知虚假或明显蔑视事实的情况下，将如果属实将构成刑事犯罪的行为归属于某人，并向有义务对之进行调查或起诉的公务员或公共雇员告发的，处 1 年至 4 年监禁。

除非审理案件的主管法院作出生效判决或者最终驳回案件，否则不得对控告人或指控人提起追诉。

如果有充分迹象表明被追诉的案件是虚假控告或指控导致的，

主管法院应当依职权对控告人或指控人进行追诉，但不妨碍也可以在被害人提出控告后对之进行追诉的行为。

第 529 条　虚构不存在的犯罪

在因为职务原因有义务对其进行调查或起诉的公务员面前，假称是刑事犯罪的责任人或被害人或者控告不存在的刑事犯罪，从而引起程序性行动的，处 6 个月至 2 年监禁和 100 日至 300 日罚金。

第 530 条　职业背信

为某人提供咨询或承担辩护或代理的专业人员，在未经该某人同意的情况下，同时向具有对立利益的任何人提供咨询、辩护、代理或提供有关此事项的信息的，处 1 年至 3 年监禁和 2 年至 5 年剥夺特定的职业、行业、商业或工业资格。

专业人员以其建议、陈述或辩护故意损害委托给他的利益的，处与前款相同的刑罚。

如果前述行为是因为严重过失而实施的，刑罚应当减轻 1/3。

第五章　妨害国际刑事法院的司法管理罪

第 531 条　妨害国际刑事法院的司法管理罪

本编前述各章的规定，适用于妨害国际刑事法院的司法管理罪的行为。

第二十九编　危害宪政罪

第一章　叛乱和暴动罪

第 532 条　叛乱

武装起来推翻合法组建的政府或者全部或部分地变更或中止现行的民主宪政制度的，处 5 年至 9 年监禁，并处 5 年至 9 年暂停公民权利和 10 年至 15 年剥夺全部资格。

叛乱的发起者、领导者或者首要分子，处 10 年至 15 年监禁，并处与监禁期间相同的暂停公民权利和 15 年至 20 年剥夺全部资格。

执行前款所指的人下达的从属命令的，其中规定的刑罚减轻 1/3。

第 533 条　对预备行为的刑罚

共谋、提议或者煽动实施叛乱罪的，处 2 年至 4 年监禁和 4 年至 6 年剥夺全部资格。

第 534 条　违背抵抗义务

因其职务或职权而负有义务的公务员或公共雇员，不使用其所掌握的法律手段来镇压叛乱的，处 2 年至 4 年监禁和 4 年至 6 年剥夺特定的公共职权或职务资格。

第 535 条　暴动

在不具有叛乱罪中所包含的目的的情况下，携带爆炸装置、枪支或与前述物品一样危险的其他物品武装起来，以阻止法律的批准或实施，或者阻止任何当局、公务员、公共雇员合法行使其职权、执行其决定、裁决或强迫他们实施职权行为的，处 3 年至 5 年监禁和 5 年至 10 年剥夺特定的公共职权或职务资格。

暴动的发起者、领导者或者首要分子，处 5 年至 10 年监禁和与监禁期间相同的剥夺全部资格。

第 536 条　对预备行为的刑罚

共谋、提议或者煽动实施暴乱罪的，处 1 年至 3 年监禁和 3 年至 5 年剥夺特定的公共职权或职务资格。

第 537 条　共同规定

如果本章所规定的犯罪的正犯在检察官指令或造成后果之前解散或向合法当局投降，应当分别按照相应规定的监禁减轻 1/2 处罚。

对本章规定的犯罪判处刑罚，不影响对在该犯罪的场合所实施的其他犯罪处以相应的刑罚。

第二章　侮辱国家象征罪

第 538 条　侮辱国家象征罪

公开地侮辱任何国家象征的，处 6 个月至 1 年监禁。

第三章　危害国家机构罪

第 1 节　杀害、伤害或绑架共和国总统

第 539 条　杀害、伤害或绑架共和国总统

杀害共和国总统以及正在我国访问的总统或国家元首的，应当最严厉地处以无时效期间的终身监禁。

如果危害共和国总统以及正在我国访问的总统或国家元首的行为构成伤害或绑架罪，处 10 年至 20 年监禁。

在所有情况下，应当并处与监禁期间相同的暂停公民权利和剥夺全部资格。

第 540 条　对预备行为的刑罚

共谋、提议或者煽动实施前条规定的犯罪的，应当按照相应的监禁刑减轻 1/3 处罚。

第 2 节　干扰机构的运行

第 541 条　非法干扰机构的运行

以暴力、恐吓或武力方式，侵入正在开会行使职权的国民议会总部、最高法院或行政权力名义总部的，处 3 年至 6 年监禁和 6 年至 10 年剥夺特定的公共职权或职务资格。

以暴力、恐吓、武力、冒充当局或援引虚假命令方式，试图阻止国民议会、最高法院或行政权力名义总部行使职权的，处 2 年至 5 年监禁和与监禁期间相同的剥夺特定的公共职权或职务资格。

以暴力或恐吓方式阻止国民议会、最高法院或行政权力名义总部成员参加这些机构的会议的，处 2 年至 4 年监禁和 2 倍于监禁期间的剥夺特定的公共职权或职务资格。

以暴力、恐吓、武力、冒充当局或援引虚假命令方式，试图阻止市政委员会履行职能的，处1年至3年监禁和2倍于监禁期间的剥夺特定的公共职权或职务资格。

前述各款规定的刑罚，不得影响对在进行前述行为过程中实施的其他犯罪或者该行为所构成的其他更严重的犯罪处以相应的刑罚。

第四章 选举犯罪

第542条 选举强迫和胁迫

实施下列任何行为的，处4年至6年监禁：

1）在未经合法授权的情况下，通过使用或不使用暴力阻止他人行使其选举权的；

2）不允许或以任何方式阻碍选举机构适当地占用其运作所需的公共场所的；

3）扰乱或阻碍任何合法的选举宣传行为的；

4）阻止选举机构或其任何成员履行其职能的；以及

5）阻止投票开始、中断投票或改变地点的。

第543条 伪造选举文书

伪造选举文书的，处伪造公文书的相应刑罚，并处与剥夺自由期间相同的暂停公民权利。

就本条而言，下列文书视为选举文书：

1）全国选民登记册；

2）选民名单；

3）投票记录本；

4）选举机构会议记录；

5）失去资格的选民名单；

6）结果证明和选举过程中使用的任何其他类型的证明；

7）政党的整合选举机构的书面提案；

8）初步结果传输表格中包含的信息；

9）最高选举法庭颁发的证书；

10）选票；

11）身份证；以及

12）普选职位的候选人名单。

第544条 其他选举犯罪

实施下列行为的，处4年至6年监禁：

1）无理地拖延选举文书的准备、签发或公布以及阻碍其交付的；

2）全国选民登记册及其副本、选票和其他选举文书的制作过程中存在恶意失实的；

3）不合理地改变必须举行的选举的时间和地点的；

4）投票站的组织和运作不规范，例如：

a）未经最高选举法庭授权设置投票站；以及

b）篡夺投票站的任何职位；

5）阻止投票站的成员在投票开始前和投票结束时检查投票箱以及在监票时检查选票的；

6）投票记录本或选票内容中存在恶意和不正确的记录的；

7）在不可归因于投票人的情况下侵犯投票保密性的；

8）非当选人宣布当选的；

9）更改投票站开放记录中的选票数量和关闭记录中的投票数量；

10）无正当理由地阻止或中止任何选举行为的；

11）故意拖延或遗漏提交选举中使用的选举文件和选举材料的；

12）在确认计票之前从投票站提取存放的选票或者从投票站窃取选举材料的；

13）扣留选举材料的；

14）在被取消资格时行使选举权或者多次投票的；

15）冒充他人行使选举权的；

16）买卖投票的；

17）援引最高选举法庭法未包含的理由取消投票的；

18）投票站主任或秘书遗漏在选票上签名的；

19）阻碍最高选举法庭活动日程的实施的；以及

20）更改包含全国选民登记册的数据库、作为其详尽细节基础的数据库、包含计票信息的数据库以及与选举文件有关的其他数据库的。

公务员或公共雇员实施上述行为的，还应并处 2 倍于监禁期间的剥夺特定资格。

第 545 条　对外国人的附加刑

外国人以任何方式妨碍选举进行或公开干涉国内政治事务的，除了对所实施的犯罪处相应刑罚外，并处驱逐出境。

第 546 条　冒充洪都拉斯人身份进行投票选举

外国人非法持有洪都拉斯身份证并行使选举权的，处 10 年监禁，但不影响在刑罚结束后将其驱逐出境。

第 547 条　破坏宣传广告

恶意破坏或毁灭放置于获授权的公共场所的选举宣传品的，处 100 日至 200 日罚金。

第五章　妨害基本权利行使罪

第 1 节　公务员或公共雇员限制或妨碍基本权利

第 548 条　限制或妨碍特定的基本权利

公务员或者公共雇员任意滥用职权，有下列行为之一的，除本法典其他规定处以更重的刑罚外，处 2 年至 5 年监禁和与 10 年至 15 年剥夺特定的公共职权或职务资格：

1）解散或暂停合法结社的活动或阻止其集会的举行的；

2）禁止、暂停或解散和平集会的；

3）限制或阻止思想或意见的传播、交流或流传的；

4）在法律允许并且为调查犯罪原因的情况之外，进入或搜查住宅，或拦截私人的、邮政的或任何其他类型的通信或电信的。如果行为实施于有组织犯罪集团框架内的，监禁刑应当加重2/3；

5) 在法律规定的情形和手续之外进行人身监控或搜查的；

6) 违反宪法和法律规定的期间、权利或其他保障，决定、实行或延长对被拘留人、被监禁人或被判刑人的任何剥夺自由或单独羁押的；

7) 对被监禁人或被判刑人科处不当的或者法律未规定的制裁或剥夺的；或者

8) 限制一个人在国家领域内走动、离开、进入或停留的自由，或者强迫他们改变住所或居所的。

第549条 阻止行使宪法承认的其他权利

公务员或公共雇员任意滥用职权，阻止或限制某人合法行使宪法承认的其他权利的，除本法典其他规定处以更重的刑罚外，处1年至3年监禁和5年至10年剥夺特定的公共职权或职务资格。

第2节 侵犯宗教自由、宗教感情和对逝者的尊重罪

第550条 阻碍行使宗教信仰自由及其表达

以暴力、恐吓或对物强制手段实施下列行为的，处1年至3年监禁：

1) 强迫或阻止他人从事、出席或参与宗教礼拜活动、仪式或典礼的；或者

2) 在未经合法授权的情况下，妨碍或中断宗教的活动、仪式或典礼的。

如果前款规定的行为是由公务员或公共雇员滥用职权实施的，还应并处2年至4年剥夺特定的公共职权或职务资格。

第551条 冒犯宗教感情

为了冒犯践行或信奉宗教的人的宗教感情，在惯常进行礼拜活动或举行宗教仪式的场所，对用于礼拜的物品实施侮辱行为的，处6个月至9个月居家监禁和5个月至1年向公用事业或被害人提供服务。

第 552 条　侵犯坟墓和亵渎尸体

缺乏对逝者的应有尊重，侵犯坟墓、棺材、骨灰盒或者以任何方式亵渎人类的尸体或其遗骸的，处 6 个月至 1 年监禁和与监禁期间相同的向公用事业或被害人提供服务。

第 3 节　侵犯其他基本权利罪

第 553 条　非法集会和示威

下列行为属于非法集会或示威：

1) 召集人具有实施犯罪的明确目的。本推定的成立，必须存在对所推测的犯罪的计划；以及

2) 参与人携带枪支、爆炸装置或与前述危险物品一样危险的其他物品。本推定的成立，要求携带武器或物品的是发起人或帮助人，而不是集会或示威之外的人。

意图实施重罪而发起、指挥或主持前款各项中所指的集会或示威的，处 2 年至 4 年监禁和 100 日至 500 日罚金；意图实施非重罪的犯罪的，处 25 日至 50 日向公用事业或被害人提供服务和罚金。

对非法集会或示威的其他参与者，在意图实施重罪的情况下，处 1 年至 3 年监禁和 100 日至 200 日罚金；在意图实施非重罪的犯罪的情况下，处向公用事业提供服务。

上述刑罚的判处，不得影响对可能被实施的具体犯罪处以相应的刑罚。

第 554 条　犯罪团体

犯罪团体，是指由 2 人或更多人长期或临时组成的以实施刑事不法行为为目的的组织。同样，在合法成立后其全部或部分活动致力于实施犯罪的组织，也视为犯罪团体。

有合法的组织宗旨但以使用暴力、恐吓或其他非法手段实现宗旨作为长期且明确的策略的，也应视为犯罪团体。

无论该团体是否成立于国外，只要在洪都拉斯领域内实施了与犯罪相关的行为，就视为实施了犯罪。

犯罪团体的领导者、发起者和资助者，处 10 年至 15 年监禁和

500 日至 1000 日罚金。犯罪团体的普通成员,处 6 年至 10 年监禁和 100 日至 500 日罚金。

第三十编 危害国家的安全及其领域完整罪

第一章 危害国家罪

第 555 条 叛国

洪都拉斯人实施直接倾向于破坏共和国领土完整、使其全部或部分受外国统治、损害其主权或企图破坏国家统一的行为,以及实施在共和国宪法中被类型化为叛国罪的任何行为的,处 15 年至 20 年监禁和 2 倍于监禁期间的剥夺全部资格。

洪都拉斯人在与外国的武装冲突期间为敌人服务(无论是否携带武器)的,处 10 年至 15 年监禁和 2 倍于监禁期间的剥夺全部资格。

为敌人服务,除了直接作战之外,还包括向敌方交付或提供资金、武器、车辆、船舶、航空器、军需物资或弹药、武器、有关服务于国防的各种设施的平面图或信息、攻击洪都拉斯或有利于敌人武器进步的其他直接或有效的方法。旨在妨碍国家获得前述援助的努力的行为,也理解为为敌人服务。

说服洪都拉斯军队加入敌军行列,或者在战役或作战时招募人员对抗洪都拉斯的,处与本条第 2 款相同的刑罚。

洪都拉斯人接受敌人任命的管理职位,或者洪都拉斯官员根据入侵者的命令继续担任已经拥有的职位的,处 5 年至 10 年监禁和 2 倍于监禁期间的剥夺全部资格。

如果前述各款所规定的行为的正犯是洪都拉斯武装部队、国家警察或国家其他武装机构的军官的,应当按照相应的刑罚加重 1/3 处罚。

第 556 条 诱致针对国家的侵略行为

洪都拉斯人诱使外国势力对洪都拉斯宣战或出于相同目的与其

达成协议的，处 15 年至 20 年监禁和 2 倍于监禁期间的剥夺全部资格。

第 557 条　损毁国界标志

破坏、移除或搬动标示国家边界的界标、浮标或标志的，处 3 年至 6 年监禁和 2 倍于监禁期间的剥夺全部资格。

如果上述行为实施于与邻国发生战争期间，或者即使与邻国没有交战但由于该行为洪都拉斯会卷入某种冲突的，刑罚应当加重 1/3。

第 558 条　非法绘制防御工事或其他工程的图纸

在未经适当授权的情况下，绘制用于国防的各种防御工事、军营、建筑物、土地、船舶、航空器、军火库、道路、工程或各种军事设施的平面图的，处 3 年至 6 年监禁和 2 倍于监禁期间的剥夺全部资格。

第 559 条　非法宣布交战或媾和

政府成员不遵守共和国宪法的规定进行宣战或签订和约的，处 15 年至 20 年监禁和 2 倍于监禁期间的剥夺全部资格。

第 560 条　危害中立罪

针对在战争或武装冲突中与洪都拉斯结盟的国家实施前述条文规定的任何犯罪，危及洪都拉斯的结盟或中立或者以任何方式危及军事行动的进行的，处与前述各条相同的刑罚。

第 561 条　对预备行为的刑罚

共谋、提议或者煽动实施前条规定的犯罪的，应当按照相应的刑罚减轻 1/3 处罚。

第 562 条　剥夺公民权和国籍的刑罚

如果被宣告构成前述条文中的任何犯罪的人是已入籍的洪都拉斯人的，还应当处以剥夺国籍。对于原籍洪都拉斯人，应处以期间相当于监禁刑期的暂停公民权。

第二章 间谍罪

第563条 间谍罪

在未经合法授权的情况下，为了支持外国的政府或组织，泄露实物或电子档案中包含的关于武器库存、部队人数、军事装备的保密信息或与国防、军事设施或正用于军事目的的设施的平面图或照片有关的机密或绝密信息的，处5年至10年监禁和2倍于监禁期间的剥夺全部资格。

如果该责任人是在履行公共职责过程中知悉上述信息的，前述刑罚应当加重1/4。

不当地寻求或获取秘密或者影响国家警察或安全部队、涉及国防手段或国家外交关系或涉及打击毒品贩运或有组织犯罪的信息的，处5年至8年监禁和2倍于监禁期间的剥夺全部资格。

第三章 危害和平和国家外部安全罪

第1节 危害和平罪

第564条 煽动战争或者报复

在没有任何正当理由的情况下，实施可能导致与洪都拉斯的战争或针对居住外国的洪都拉斯人的人身或财产的报复的行为，如果导致外交关系破裂的，处5年至8年监禁和2倍于监禁期间的剥夺全部资格。

如果宣战的，适用本法典第556条的规定。

第565条 利用本国领域招募军队和招募雇佣军

在国家领域内招募或强迫平民、战俘或其他被剥夺自由的人为外国的军队服役或成为其一部分的，无论其目的是否为打算或使用本国领域侵略或骚扰其他国家，处7年至12年监禁和2倍于监禁期间的剥夺全部资格。

利用、招募、资助或训练雇佣军进行旨在危害国家的主权、政治独立、领土完整和人民自决的活动的，处 20 年至 30 年监禁，并处 400 日至 700 日罚金和 2 倍于监禁期间的剥夺全部资格。

第 2 节　危害国家外部安全罪

第 566 条　违反停战或协议、安全通行证或条约

违反洪都拉斯与另一国家之间或两国武装部队之间达成的停战协议，或违反正式签发的安全通行证，或阻止或干扰与另一国家履行和平条约的，处 3 年至 6 年监禁和 2 倍于监禁期间的剥夺全部资格。

第 567 条　不履行与国家安全有关的合同

当国家处于战争状态时，故意违反与武装部队的必需品相关的合同义务的，处 5 年至 10 年监禁和 2 倍于监禁期间的剥夺全部资格。

如果因为严重过失而不履行的，处 2 年至 4 年监禁和 2 倍于监禁期间的剥夺全部资格。

第 568 条　破坏

当国家处于战争状态时，出于损害战争时期的努力的目的，损坏国防必需或有用的设施、建筑物、道路、工程或物品，如果不构成更重的犯罪的，处 5 年至 10 年监禁。

第 569 条　法人的责任（废止）[1]

第三十一编　妨害公共秩序罪

第一章　袭击、抵制和不服从

第 570 条　袭击

在当局、公务员或公共雇员履行职责时或因为其履行职责，而对他们进行袭击、严重恐吓、严重地积极抵抗或者使用武力的，构成袭击罪的正犯，处 1 年至 3 年监禁和 100 日至 300 日罚金。

---

[1] 被 2021 年 11 月 1 日第 93-2021 号法令废止。

如果在上述情况下，袭击是使用武器、爆炸物或者犯罪人利用履行公共职权的机会实施的，刑罚应当加重1/3。

第571条 对预备行为的刑罚

共谋、提议或者煽动实施袭击罪的，应当按照相应的刑罚减轻1/3处罚。

第572条 不服从

不属于前述条文规定情况的人，严重地不服从正在执行职务的当局、公务员或公共雇员的，处6个月至2年监禁。

第二章 扰乱公共秩序

第573条 扰乱公共秩序

通过暴力或严重恐吓，恐吓民众或其民众的一部分的，处1年至3年监禁。如果对生命、人身造成严重危险，除本法典的其他规定处以更重的刑罚外，刑罚应当加重1/3。

反复地公开散布恐吓民众或其民众的一部分的虚假消息或谣言，从而对人的生命、健康或财产造成严重危险的，除本法典其他规定对该行为规定了更重的刑罚外，处1年至3年监禁。

第574条 扰乱秩序

结伙扰乱公共秩序，造成人员伤害、导致毁损或者以暴力或者严重恐吓方式侵入设施、建筑物的，处1年至3年监禁和100日至200日罚金，但不影响对扰乱期间实施的其他犯罪处以相应的刑罚。

严重扰乱主管法院、任何当局或市政机构的公共活动、公共的办事处或机构、教学中心或者举行体育文化表演的秩序的，处前款规定的罚金。

第575条 发射枪支

在城镇或人群聚集的地方发射枪支或其他具有类似潜力的器具的，处6个月至1年监禁和3年至5年剥夺拥有或携带枪支权利。

如果正犯是公务员或公共雇员的，刑罚应当加重1/3。

第 576 条　阻碍前往救援队或援助中心的交通

在合法或非法的集会或示威期间，阻碍公共救济或援助成员通过或者使其无法进入公共救援性质的机构的，处 6 个月至 2 年监禁。

上述刑罚的判处，不影响对可能实施的具体犯罪处以相应的刑罚。

第 577 条　滥用紧急电话

在没有任何理由的情况下，请求国家应急系统的服务或其他公共应急服务，导致其资源启动的，处 1 年至 2 年居家监禁和 100 日至 200 日罚金。

第 578 条　简易机场的建造或者为之提供便利

在未经授权的情况下，建造、已经建造、允许建造用于贩运人口、贩运毒品或前体、贩运武器、弹药、爆炸物或其部件、贩运文化遗产或洗钱的跑道、着陆点或停放点，或者为其建造或使用提供便利的，处 8 年至 12 年监禁，并处 300 日至 600 日罚金和不满 5 年的驻留定位。

第三章　输入违禁品、非法持有枪支、爆炸物和弹药

第 579 条　输入违禁物品

将允许通过语音、数据、图像发射和接收数据的计算机和电信领域的违禁物品，非法引入、试图引入或允许他人引入监狱、劳改农场、预防措施中心或儿童收容中心的，处 3 年至 5 年监禁和 500 日至 1000 日罚金。

如果前款规定的行为是由公务员或公共雇员实施的，还应当并处 2 倍于监禁期间的剥夺全部资格。

第 580 条　非法拥有或者携带枪支

在没有必要的许可证或批准的情况下，拥有枪支或弹药的，应当按照下列规定处罚：

1）如果是允许携带的武器或弹药的，处 1 年至 4 年监禁和不满

2年的驻留定位；以及

2) 如果是违禁武器或弹药的，处4年至6年监禁和不满3年的驻留定位。

拥有自制武器的，处与前款第1项规定相同的刑罚。

未经批准携带上述枪支或弹药的，刑罚加重1/3。

第581条　储存枪支、弹药或爆炸物

未经授权拥有枪支仓库的，应当按照下列规定处罚：

1) 如果是允许使用的枪支的，处8年至12年监禁和不满5年的驻留定位；以及

2) 如果是违禁枪支的，处10年至12年监禁和不满5年的驻留定位。

如果储存的是弹药的，相应的刑罚应当减轻1/3。

未经授权拥有爆炸物仓库的，处10年至15年监禁和不满10年的驻留定位。就本条而言，存储超过10件武器的，视为武器仓库。对于弹药和爆炸物，主管法院应当考虑其数量和类别宣布它们是否构成本条规定的仓库。

第582条　非法制造和贩运枪支、弹药或爆炸物

在未经授权的情况下，生产、手工制作、修理、操作、改装、交易、运输、进口或出口枪支、弹药、爆炸物及其零件、部件或材料的，处8年至12年监禁，并处1000日至2000日罚金和不满10年的驻留定位。

第583条　为第三方获得武器提供便利

在法律允许的情形之外，向未成年人或残疾人提供或转让武器、弹药或爆炸物的，处3年至5年监禁和不满1年的驻留定位。

第584条　特别的加重情节

在下列情形下，本章规定的刑罚可最多加重1/3：

1) 该行为是在有组织犯罪集团的框架内实施的；

2) 该行为是由公务员或公共雇员或者整体代表与某些规定活动相关的公共利益的人实施的；

3）向未成年人或精神病人提供武器、弹药或爆炸物的；

4）拥有可能造成损害的非法武器、弹药或爆炸物的；

5）武器、弹药或爆炸物被以增加造成损害的潜力的方式改造过的；或者

6）在公共场所或公众活动中或者在特别危险的情况下携带武器或爆炸物的。

第585条 特别减轻

如果犯罪人以下列方式和当局合作的，主管法院可以将前述各条规定的刑罚减轻1/3：

1）对自己直接或间接参与和实施的犯罪活动供认不讳并随后提供证据的；

2）阻止犯罪的实施或减轻其后果，或者提供或获取其他已经实施的犯罪的证据的；

3）查明、抓捕或起诉实施犯罪行为的责任人的；或者

4）开展旨在剥夺犯罪组织易于促进其犯罪活动的手段和资源或者从中获得的利益的活动的。

拥有和携带许可证过期的枪支的，构成《武器法》规定的行政违警行为。

第四章 共同规定

第586条 剥夺权利的刑罚

在本编第二章和第三章规定的所有情况下，除了处各自规定的刑罚外，还应当处2倍于前述刑罚期间的剥夺全部资格或者剥夺与行为相关的特定的职业或行业、工业或商业资格。

如果犯罪是由公务员或公共雇员滥用职权实施的，在前款规定的相同条件下处2倍于刑罚期间的剥夺全部资格。

如果犯罪是使用武器实施的，犯罪人应当被剥夺拥有和携带武器的权利以及在监禁刑期完全届满之前获得武器的可能性。

第三十二编　恐怖主义

第587条　恐怖主义团体

恐怖主义团体，是指由2人或更多人长期或临时组成的为实施犯罪并且具有下列任何目的的组织：

1) 严重颠覆宪政秩序；或者
2) 在民众或民众的一部分中引起恐慌状态。

有合法的组织宗旨但全部或部分实施前款所指的行为的组织，也可以视为恐怖主义团体。

无论该团体是否成立于国外，只要在洪都拉斯领域内实施了与犯罪相关的行为，就视为实施了犯罪。

恐怖主义团体的领导人、发起人和资助人，处15年至20年监禁和1000日至2000日罚金。恐怖主义团体的普通成员，处10年至15年监禁和500日至1000日罚金。

资助人，是指以任何方式直接或通过中间人促成或者协助促成恐怖主义团体的融资的人。

无论对恐怖主义团体的成员出于本条前述各款中提到的目的而实施的具体犯罪行为处以何种刑罚，都应当判处这些刑罚。

第588条　不隶属于恐怖主义团体的合作

不属于前条所述情形的人，以提供有关人员、行为、财产或设施的信息，或向该团体或其成员提供家具和不动产，或为属于团体、与团体相关或供团体使用的人员、任何类型的各种材料的转移、接待或隐藏提供便利，或提供任何类型的技术服务，与恐怖主义团体合作，除非其参与特定犯罪应处更重的刑罚外，处5年至10年监禁和500日至1000日罚金。

如果合作行为是由公务员或公共雇员实施的，或者是为获取赏金、报酬或报酬承诺而实施的，应处监禁的期间为8年至12年，但不影响对所实施的其他不法行为处以相应的刑罚。

第 589 条　具体的恐怖主义犯罪

就本章而言，出于恐怖主义目的而实施的所有重罪以及在任何情况下为此目的造成的人身伤害，均被视为恐怖主义犯罪，按照相应规定中的刑罚加重 1/3 处罚。如果涉及拥有、携带或储存武器、弹药或爆炸物犯罪的，刑罚应当加重 2/3。

第 590 条　特别减轻

如果实施下列任何行为的，对恐怖主义罪的刑罚可以最多减轻 2/3：

1）对自己直接或间接参与和实施的犯罪活动供认不讳并提供证据的；

2）阻止犯罪的实施或减轻其后果，或者提供或获取其他已经实施的犯罪的证据的；

3）查明、抓捕和起诉实施恐怖主义行为的责任人的；

4）开展旨在剥夺犯罪组织易于促进其犯罪活动的手段和资源或者从中获得的利益的活动的；或者

5）通过向当局通报任何相关信息，为瓦解恐怖组织作出决定性贡献的。

第 591 条　参加训练营

参加以接受实施恐怖主义犯罪的灌输或培训为目的的训练营或培训课程的，处 5 年至 7 年监禁和 500 日至 1000 日罚金。

提供前述所指的培训或灌输的，刑罚加重 1/3。

第 592 条　网络恐怖主义或者电子恐怖主义

意图阻止服务的正常运行或在民众中引起恐慌或担忧，在未经授权的情况下，以任何方式或程序访问国家公共管理部门或提供国家性质的服务的计算机系统，或者阻止访问或歪曲、更改或损坏内容中的数据的，处 4 年至 6 年监禁和 300 日至 1000 日罚金。

具有下列情形的，前款规定的刑罚应当加重 1/3：

1）如果设定某种条件作为停止不法行为的条件的；或者

2）如果上述行为针对社会关键基础设施或基本服务设施或者

造成严重经济损失的。

第 593 条　对预备行为的刑罚

共谋、提议或者煽动实施本章规定的犯罪的,应当按照对正犯规定的相应刑罚减轻 1/3 处罚。

第 594 条　剥夺权利的刑罚

利用职权、职务、职业、行业来实施犯罪的,应当处不满 15 年的剥夺特定公共职权或职务、职业或行业资格。

如果犯罪是由公务员或公共雇员在履行职责时实施的,监禁应当加重 1/3。在这种情形下,应当并处 15 年至 20 年剥夺全部资格。

第 595 条　国际累犯

外国法院对与本章规定的犯罪性质相同的犯罪的有罪判决能产生累犯的后果,除非该犯罪前科已经被撤销或根据洪都拉斯法律可以被撤销。

第 596 条　法人的责任（废止）[1]

---

[1]　被 2021 年 11 月 1 日第 93-2021 号法令废止。

第三卷 违警罪的规定

第一编 一般规定

第 597 条 适用于违警罪的一般规定

本法典第一卷的规定适用于具有以下特点的违警罪：

只有实施于本国领域内的违警罪，才可罚。只有既遂的违警罪，才可罚。只有正犯才对违警罪负责。

为了确定对违警罪的刑罚，主管法院将在其限度内审慎自由裁量，不受本法典第一卷规定的规则的约束。

对于只能基于被害人或其法定代表人的请求追诉的违警罪，被害人的宽恕将消灭刑事追诉或所判处的刑罚，但不影响本法典第109 条的规定。

第二编 侵犯人身的违警罪

第 598 条 轻微过失导致的伤害

因轻微过失导致构成犯罪的伤害的，处 1 个月至 3 个月监禁或者 30 日至 99 日罚金。

如果伤害是由机动车或武器造成的，应并处不满 1 年的剥夺相应许可证。

第 599 条 轻微伤害和虐待

以任何方法或手段造成他人伤害但不构成重罪或轻罪的，处 3

个月至 5 个月监禁和 50 日至 99 日罚金。

殴打或虐待他人但未造成伤害的，处 1 个月至 3 个月监禁和 30 日至 90 日罚金。

第 600 条　轻微的胁迫、强迫、侮辱和欺凌

胁迫、强迫、侮辱或者不正当的欺凌，情节较轻，尚不构成重罪或轻罪的，处 30 日至 60 日罚金。

以武器胁迫他人或者在打斗中使用武器的，除正当防卫外，处相同的刑罚。

第 601 条　起诉

对前述各条规定的不法行为，应当基于被害人或其法定代表人提出的控告而进行追诉。

第三编　侵犯财产的违警罪

第 602 条　夺取违警罪、欺诈违警罪和侵占违警罪

实施下列任何行为的，处 1 个月至 5 个月监禁或者不超过 2 倍于被盗窃、欺诈、侵占金额的罚金：

1）盗窃、诈骗、非法侵占或欺诈能源、流体或电信，价值不超过 5000 伦皮拉的；

2）以获利为目的而侵占他人丢失的或所有人不明的财产，价值不超过 5000 伦皮拉的；

3）在不具有据为己有目的的情况下，偷用他人机动车，价值不超过 5000 伦皮拉的。如果为了偷用使用暴力或恐吓的，在任何情况下都应当按使用对人暴力或胁迫的抢劫罪论处。

第 603 条　损毁违警罪

故意造成损毁，金额不超过 5000 伦皮拉的，处不超过 2 倍于所导致损失金额的罚金。

在未经权利人适当授权的情况下，破坏不动产，且该行为不构成重罪或轻罪的，处相同的刑罚。

在上述情况下，如果该财产属于公共财产或者虽然属于私人所有但用于公共服务的，罚金加重 1/3。

第 604 条　进入他人的庄园或田地

在未获同意的情况下，实施下列任何行为之一的，处 2 个月至 4 个月监禁：

1）进入别人的庄园或田地采摘水果的；
2）进入他人封闭的庄园或设有围栅的田地捕鱼或打猎的；
3）将其牲畜引入他人的庄园或设有围栅的田地，造成不构成重罪或轻罪的任何损毁的；或者
4）在明示禁止进入的情况下，进入他人的封闭庄园的。

第四编　危害民众整体利益和生活制度的违警罪

第 605 条　不构成犯罪的走私

因为行为对象的价值低于 50 000 伦皮拉，不法走私行为不构成重罪或轻罪的，处 60 日至 99 日罚金。

第 606 条　焚烧垃圾或植物制品

违反焚烧废物、森林产品或制品或植物的法规或条例，尚不构成重罪或轻罪的，处 50 日至 99 日罚金。

第 607 条　遗弃危险物品

以可能造成人身损害或者传播疾病的方式遗弃危险物品或器具，或者将其遗弃在未成年人经常光顾的地方，尚不构成重罪或轻罪的，处 3 个月至 6 个月监禁。

第 608 条　释放凶猛或有害的动物

凶猛或有害动物的所有人或负责看管的人，将其释放或者置于可能造成损害的状况的，处 2 个月至 4 个月监禁或者 30 日至 60 日罚金。

第五编　破坏公共秩序的违警罪

第 609 条　扰乱公共秩序

轻微扰乱法院的秩序或公共活动、体育文化表演或大型集会的举行的，处 20 日至 40 日罚金。

第 610 条　轻微的不服从

轻微地不服从当局或公务员在执行职务时发布的合法命令的，处 20 日至 60 日罚金。

补充条款

第 611 条　被遗弃或面临社会风险的儿童或残疾人

当政府当局获悉存在未满 18 周岁的未成年人或无行为能力人是性犯罪被害人时，如果该性犯罪得到了对他行使家庭的、伦理社会的或事实上的权利的人的同意（无论是否出于他的意愿），或者被害人缺乏对他行使上述权利的人或他们已经遗弃了他并且不负责其监护的，将立即通知儿童、青少年和家庭事务主管部门以及检察官办公室以便他们根据各自的职权行事。

如果主管法院决定剥夺特定的亲权、监护、保护或保佐资格的，它将立即通知儿童、青少年和家庭事务主管当局以及检察官办公室根据各自的职权行事。

第 612 条　与药品和医疗设备有关的犯罪中的非典型推定

如果药品、药物或医疗设备当时已取得相应许可，因为相应档案正在行政程序处理过程中未获得续展，而且是可以归咎于主管部门的原因的，不视为构成本法典第 298 条及以下各条中所指的涉及药品、药物或医疗设备的行为。

第 613 条　强夺罪的例外（废止）[1]

过渡条款

第 614 条　依职权复审

执行法官应当根据以下条文规定的规则依职权复审查所有的有罪判决。

第 615 条　最有利刑法的溯及力

在本法典生效之日之前实施的犯罪和违警罪，按照已废除的刑法规范进行审判，但在从本法典的规定整体来看对其更为有利的情况下将适用本法典的规定。

如果正在审判或者尚未宣告判决的行为，依照本法典规定不构成犯罪或者违警的，主管法院将作出宣告最终驳回或者对所判处的刑罚不予执行。

第 616 条　确定最有利法律的标准

为了确定哪一项是最有利的法律，将对提交起诉的具体行为适用已废除立法和已生效立法的完整规范可能判处的刑罚进行比较。从这个意义上而言，考虑有利的其中一个标准并拒绝有害的标准，因为更为有利从而将两个标准进行碎片化的适用是不可接受的。

在进行评价时，应当考虑进行具体权衡的相应规定而不是行使司法自由裁量权。

应当考虑所有存在的情节特别是一个或另一个立法中规定的不同的刑事优待，进行具体的比较。

就剥夺自由的刑罚而言，如果对该行为所判处的剥夺自由刑，基于所有情节也能根据本《刑法典》判处的，则本法典不被认为更有利。本法典对同一行为规定了可选科的非剥夺自由的刑罚的情形除外，因为在这种情况下该刑罚应当予以复审。

---

〔1〕　被 2021 年 11 月 1 日第 93-2021 号法令废止。

如果刑罚的判处取决于未在诉讼程序中起作用的证据的,需要对之作出相应的裁定,以便主管法院能够确定用以替代先前刑罚的新刑罚的数量。如果裁决不是最终生效并且涉及比例罚金的,本法典相应罚金的计算,依照本法典第54条的规定执行。

在想象竞合犯的情况下,有必要对适用不同立法所产生的刑罚进行全面比较,因此不能对某些犯罪根据已废止的立法进行分类,而对其他犯罪却根据本法典进行分类。只有在构成竞合的行为中的一项行为已被非犯罪化的情况下,才会考虑在两项立法中对仍然构成犯罪的该行为相应的刑罚进行比较。

如果是包含竞合并且本法典已取消这种形式的竞合的,则将提交复审的判决中所判处的总的刑罚与根据新的法律对真实竞合所产生的刑罚进行比较。

在连续犯的情况下,适用相同的规则。

在30年执行期限生效的真实竞合中,应当进行全面比较并且仅考虑判决中判处的刑罚的总和超过或不超过上述期限;只有在构成竞合的行为中的一项行为已被非犯罪化并且剩下的那些行为未达到上述期限的情况下,才会考虑将在一项立法和另一项立法中相应的刑罚进行单独比较。

在适合被纳入本法典的最有利的执行期限规则的情况下,即在主体被判处的最重刑罚的期间的3倍未达到30年的情况下,应当对不同犯罪可以判处的相应刑罚进行比较,以确定对犯罪人最有利的刑罚。在主管法院酌情决定对刑罚进行适当复审的所有案件中,听取被判刑人的陈述是不可推卸的责任;因此,并不是在认为以前的立法更有利的情况下,才可以直接作出决定宣布不予受理复审。然而,即使在这最后一种情况下,如果认为可以,主管法院也可以对被判刑人进行听证。

第617条 并处的刑罚

在对数个相同行为实行合并处罚的情况下,不能对其中一个行为进行复审,而让其他行为继续存在。

第 618 条　被缓刑的刑罚

如果刑罚被暂缓执行的，不予复审，但罪犯违反暂缓条件而被撤销的除外。在这种情况下，在实际执行被暂缓的刑罚之前，将进行复审。如果罪犯处于假释状态的，遵守同样的规则。

第 619 条　罚金

根据已废除的《刑法典》和本法典，仅处罚金的判决将不予复审；在特殊情况下，如果未被缴纳并且从具体金额和抽象考量来看根据新的立法在任何情况下都不能判处的，该罚金刑将予以复审。

第 620 条　剥夺权利

剥夺全部资格和剥夺特定资格的刑罚，将根据所处刑罚的期间和根据本法典可能的刑罚上限进行比较。

第 621 条　执行中的剥夺自由的刑罚

尽管有本法典第 615 条的规定，监狱机构负责人应当从本刑法典公布之日起（即使尚未生效）尽快将囚犯和对根据现行立法执行的刑罚进行临时清算的详细清单，送交该刑罚执行的主管法院。

一旦主管法院收到前述清单，将要求检察官办公室、被判刑人及辩护律师在口头诉讼中基于对被判刑人最为有利原则提供一份关于可能的刑罚复审的报告。

在本法典对所涉犯罪规定的刑罚的上限期间低于被判刑人实际服刑的期间的情况下，在本刑法典生效后执行法官将认定该刑罚已经消灭并在该刑罚涉及释放的情况下命令立即予以释放。

然而，在具体判处的刑罚属于本法典规定的刑罚的处罚范围的情况下，即使已废除的立法笼统规定的刑罚的上限超过了该刑罚的上限，对该刑罚进行复审是不适当的。

第 622 条　已执行的刑罚、待执行的判决、累犯和易科

已完全执行的刑罚将不会予以复审，但不影响将来就累犯的后果考虑这些刑罚的主管法院首先对其进行审查，以核实作为判决对象的行为是否不再构成犯罪,就好像他能够根据本法典受到较轻的刑罚一样。

就因为数量修改转变为违警罪的犯罪的前一有罪判决而言,就累犯而言,该前科是应当评价的。

在预计的服刑期间结束于本法典生效之前的情形下,该刑罚也不会被复审。

在刑罚已被执行而其他判决尚未宣判的情况下,该刑罚不再进行复审。

对于外国人,如果刑罚已被易科为驱逐出境的,刑罚不予以复审。

第623条 罚金严厉程度的评价标准

如果本法典相应可适用的刑罚是罚金,为了评估其相对严重程度,认为每单位最低工资(无论金额多少)相当于10日罚金。

如果是固定金额罚金,则评估仅限于对两者进行数量比较,同样的规则也适用于比例罚金的情况。

第624条 等待上诉的判决

根据已废除的立法作出的判决由于处于等待上诉阶段因而不是生效判决,适用以下规则:

1)如果本法典对被告人更有利的,在正式提出上诉时(无论是否属于撤销原判的上诉),当事人可以援引本法典的规定;

2)尽管当事人已经正式提出上诉但尚未审理的,如果新的立法对他们有利,他们可以提交援引新立法的补充理由书;以及

3)在任何情况下,如果新的立法对被定罪人更有利,主管法院将依职权考虑新的立法。

第625条 保安处分

正在执行或待执行的保安处分应当根据本法典第一卷第五编的规定进行复审。

如果本法典规定的保安处分的期间上限低于其已经实际执行的

时间的，执行法官认定上述执行已经消灭，并且在采取收容处分的情况下命令立即释放。

第 626 条　民事责任

如果相应行为已被非犯罪化的，则对判决进行复审。尽管如此，涉及民事责任的判决应当在不受非犯罪化影响的情况下执行。

第 627 条　告诉

程序规定的修改不影响已被判刑的行为。在程序正在进行中且尚未作出判决时，在需要犯罪被害人提出控告的案件中，将要求被害人提出控告，如果他不提出控告，将宣布最终驳回。

第 628 条　时效

时效应当作为一个整体来评价，不能分别考虑已废除的法律中规定的刑罚和本法典中规定的时效期间，反之亦然。

第 629 条　上诉

就有罪判决的修正所作出的判决，适用和修正后的有罪判决相同的上诉规定。尽管基于案件中未对被定罪人进行听证而提出的上诉是可以受理的，但反驳应当仅限于对所复审问题的辩论。

第 630 条　刑罚的易科

在本法典生效之前，现行刑法规定的禁锢刑应当被理解为被监禁刑所替代。

第 631 条　周末监禁

周末监禁的适用将暂停，直至有足够的设施用于正确执行。

第 632 条　废除的规定

下列条文予以废止：

1）由 2015 年 10 月 20 日第 115-2015 号法令批准的《动物保护和福利法》第 32 条。

2）由 2007 年 12 月 19 日第 98-2007 号法令批准的《森林、保护区和野生动物法》第 167 条最后 1 款和第 168 条至第 192 条。

3）由 1993 年 5 月 27 日第 104-93 号法令批准的《综合环境法》

第 91 条至第 95 条。

4）由 2002 年 11 月 5 日第 10-2002-E 号法令批准的《高级审计法院组织法》第 63 条。

5）由 2015 年 1 月 13 日第 144-2014 号法令批准的《反洗钱特别法》第 35 条至第 43 条。

6）由 1989 年 9 月 5 日第 126-89 号法令批准的《滥用和非法贩运麻醉药品和精神药物法》第 16 条至第 30 条和第 41 条。

7）由 2012 年 4 月 25 日第 59-2012 号法令批准的《打击人口贩运法》第 52 条。

8）由 2014 年 1 月 17 日第 329-2013 号法令批准的《人体解剖器官捐献和移植法》第 8 条和第 9 条。

9）由 2010 年 11 月 18 日第 241-2010 号法令批准的《反恐怖主义融资法》第 3 条至第 15 条。

10）由 2008 年 4 月 1 日第 24-2008 号法令批准的《消费者保护法》第 95 条。

11）由 2011 年 12 月 8 日第 243-2011 号法令批准的《私人通信干预法》第 47 条至第 51 条。

12）由 1996 年 5 月 30 日第 73-96 号法令批准的《儿童和青少年法》第 21 条。

13）由 2015 年 5 月 21 日第 58-2015 号法令批准的《国家应急系统法（911）》第 21 条。

14）由 2015 年 4 月 22 日第 43-2015 号法令批准的《国家级监狱中心、惩教农场和未成年人收容中心电信服务限制法》第 7 条。

15）由 2004 年 4 月 1 日第 44-2004 号法令批准的《选举和政治组织法》第 209 条、第 210 条、第 212 条和第 213 条。

16）由 2015 年 4 月 29 日第 46-2015 号法令批准的《证券支付和结算系统法》第 24 条。

17）由 2004 年 9 月 21 日第 129-2004 号法令批准的《金融系统法》第 69 条第 1 款。

18）由2006年8月31日第106-2006号令批准的《信用卡法》第7条第2款。

19）由2001年2月20日第8-2001号法令批准的《证券市场法》第238条至第240条。

20）由1950年2月3日第53-50号法令批准的《洪都拉斯中央银行法》第26条第3款。

21）由2013年8月22日第168-2013号法令批准的《治安宪兵法》第5条。

22）由2016年12月15日第170-2016号法令批准的《税法典》第167条最后1款。

23）与本法典规定不相容的任何其他法规。

最后条款

第633条 对《刑事诉讼法典》的修正

修正1999年12月19日第9-99 E号法令（包含《刑事诉讼法典》）第28条第1项、第36条第1项、第45条第1款、第334条第1款、第336条第3项（新增第4项）、第344条第2款、第432条第1款和新增第336-A条，从现在起表述如下：

"第28条 所处理的案件

检察机关有义务在所有适当的情形下提起公诉。但是，在下列情况下，它可以针对任何犯罪行为或被告人限缩该义务，即全部或部分不提起公诉：

1. 如果适用于犯罪的刑罚是违警刑罚或轻罪刑罚，对公共利益的影响很小，从被告人的背景和个人情况可以推定其不具有危险性的；

2. 如果被告人……；

3. 如果被告人……；

4. 如果刑罚……；以及

5. 如果涉及……；

在这种情况下……

在这种情况下……"

"第 36 条　附条件暂缓刑事起诉

当发生下列情况时，应检察机关的请求，法官可以批准暂缓刑事起诉：

1. 适用于该犯罪的刑罚低于 5 年；

2. 被告人……；以及

3. 性质……

在预期的情况下……

检察机关的请求必须包括：

1. 资料……；

2. 犯罪……；

命令……；

3. 理由……；以及

4. 规则……

检察机关……

请求……

如果被撤销……"

"第 45 条　调解

在违警罪、自诉犯罪和基于私人请求提起公诉的犯罪中，只要可适用于所实施的犯罪的任何主刑的上限都低于 5 年的，可以在开庭前的任何时间在被害人和被告人之间进行调解。

在那些情况下……

当发生……

但是……

如果被告人……

在…情况下…

法院……

但是……"

"第 334 条　最后的讨论和辩论的结束

在接受证据后，审判长依次让检察官、自诉人和辩护人发言，让他们依次发表最后意见。任何一方当事人在结束其最后陈述时，可以根据《刑法典》第86条的规定，请求对被告人适用暂缓宣告判决及自由管制措施。

在……期间……

检察官……

审判长……

如果检察官……

被害人……

最后……"

"第336条　审议和表决的规则

法院……

量刑法庭将按照以下顺序对第一阶段口头审理中讨论的所有问题进行审议和表决：

1. 关于……；

2. 关于……；

3. 关于请求暂缓宣告判决和自由管制措施；以及

4. 可适用刑罚的下限和上限（在适当的情况下）。

决定……"

"第344条　定罪

定罪……

在适当的情况下，判决必须包含对所处理案件中的诉讼费和民事责任事项的相应裁决。

将安排……"

"第432条　依据

在确定的刑事程序中被告人被定罪或者因为本法所指的无责任能力、紧急避险、无法克服的恐惧或错误被免除刑事责任时，如果被害人没有提起民事诉讼的，被害人或其继承人或共和国总检察长（视情况而定）可以要求执行法官在其处理的案件中下令恢复原状、赔偿物质或精神损失。

被害人……。"

"第336-A条 适用于暂缓判决的规则

量刑法庭在准许暂缓宣告判决请求的情况下，必须根据本法第338条的关于量刑的规定发布合理的指令，但与刑罚和保安处分有关的问题除外。

暂缓宣告判决的裁定必须对在诉讼过程中被没收、扣押或封存的工具、物品或财物的法律状况作出相关的规定。"

第634条 废止

废止1983年8月23日第144-83号法令（包含在刑法典及其所有修正中）。

第635条 生效[1]

本法典从2020年6月25日起施行。

---

[1] 被2019年11月7日第119-2019号法令修正；被2020年5月9日第46-2020号法令修正。